Elfriede Bidmon

Eine kleine Wallfahrt
durch 330 Jahre

MARIA LORETO

Gnadenstätte im Egerland
Altkinsberg-Hroznatov

Maria Loreto - Eingangsportal (1990). Über dem Portal Maria mit dem Kind - Zielscheibe kommunistischer Grenzsoldaten.

Vorwort

Das Jahr 1945 setzte mit der Beendigung des unheilvollen zweiten Weltkrieges und der Vertreibung von Menschen aus ihrer angestammten Heimat auch in der Geschichte von Maria Loreto einen Meilenstein, und zwar mit entgegengesetzten Wegführungen: zurück auf fast drei Jahrhunderte mit Errichtung, Aufblühen und weiter Ausstrahlung der Wallfahrtsanlage, und voraus auf die inzwischen abgelaufenen 50 Jahre mit ihrer Vernichtung und begonnenem Neuerstehen.

In diesem Gedenkjahr 1995 schrieb Elfriede Bidmon, geb. Turri, die Erzählung dieser Broschüre „Eine kleine Wallfahrt durch 330 Jahre Maria Loreto, Gnadenstätte im Egerland". Sie zeichnet darin die 330-jährige Geschichte des Wallfahrtsortes und verdichtet sie auf dem Hintergrund von Zeitgeschehnissen. Als gebürtige Altkinsbergerin ist sie mit dem Umfeld von Maria Loreto, mit Sitten und Gebräuchen vertraut.

In lebendiger, humorvoller, begeisternder Sprache schildert sie nach den Eintragungen der Pfarrchronik von Altkinsberg-Loreto und aufgrund von persönlichem Erleben und Mitteilungen anderer das Auf und Ab der Ereignisse, läßt den Leser ihr eigenes Empfinden nachvollziehen und nimmt ihn in ihre Liebe zu Maria Loreto mit.

Ergänzend verweist Elfriede Bidmon auf die Stationen des Großen Kreuzweges zu Kinsberg-Loreto und auf die Marienverehrung in den sog. Stillständen. In einer Übersicht werden die Seelsorger von Maria Loreto aufgeführt. Es werden die Grüfte von Maria Loreto beschrieben und das Gedenken der Gefallenen der Pfarrgemeinde im 1. und 2. Weltkrieg festgehalten.

Im Namen der Freunde von Maria Loreto danke ich Elfriede Bidmon herzlich für die wertvollen Beiträge zur Geschichte von Maria Loreto.

Die aufgezeichneten Ereignisse betreffen vor allem die Zeit vor 1945. Erwähnenswert sind noch die Geschehnisse um Maria Loreto nach diesem Schicksalsjahr, weil sie den Grund für den jetzigen Wiederaufbau und dessen Bedeutung im Sinne der Völkerverständigung, der Versöhnung und des Friedenswillens belegen.

Die Heiligtümer lagen bis 1989 im Sperrgebiet des Grenzlandgürtels und waren durch das kommunistisch-atheistische Regime der Zerstörung und Schändung preisgegeben. Meterhohes Gestrüpp umhüllte die von Kunstschätzen entleerte, dem Verfall überlassene Ruine des frühbarocken Bauwerkes. Dessen kunsthistorischen Wert bezeugt eine Dokumentation, die 1990 das Prager Staatsinstitut für Rekonstruktionen denkwürdiger Städte und Objekte, unter Leitung von Herrn Architekt Vystyd, auch für Maria Loreto erarbeitete, die Kosten für Sanierungsmaßnahmen bzw. Schleifung berechnete und feststellte, daß weder für die eine noch für die andere Lösung Geldmittel vorhanden seien, also nichts geschehen könne. Maria Loreto wäre weiter verfallen und untergegangen.

Die Initiative zum Wiederaufbau kam von diesseits der Grenze, entsprang der Liebe zur alten Heimat. Sie bewog mich zur Gründung eines Vereins zur Erhaltung und Förderung der Wallfahrtsstätte Maria Loreto. In der Gründungsversammlung am 11.02.1992 in Waldsassen wurden gewählt:

Die Vorstandsmitglieder:

Ing. Anton Hart,
früher Neukinsberg - Vorsitzender
Freiherr
Dr. Jobst von Waldenfels*
Schloß Röthenbach - Stellvertreter
Erwin Sommer,
früher Kleinschöba - Schriftführer
Ferdinand Vogl,
Waldsassen - Schatzmeister

und die Beisitzer:

Franz Fischer - Waldsassen
Walter Rustler** - früher Großschöba
Robert Treml - Waldsassen
Georg Zrenner - früher Altkinsberg

Der Verein wurde ins Vereinsregister beim Amtsgericht Tirschenreuth eingetragen.

Der Förderverein stellte die Ausgangsposition für eine gedeihliche Zusammenarbeit mit den tschechischen Behörden, voran Otakar Mika, Oberbürgermeister von Eger/Cheb, und der dortigen Kirche auf der Basis eines soliden Vertrauensverhältnisses. Die Teamarbeit auf den verschiedenen

---

* † 1997
** † 1998 Seit 1998 ist Erwin Sommer, Waldsassen, Stellvertreter des Vorsitzenden – Ernst Schnurrer, Tirschenreuth, Schriftführer und Hermann Zeidler, Waldsassen, neuer Beisitzer

Oberbürgermeister Otakar Mika und Ing. Anton Hart bei einer Besprechung in Maria Loreto

Gebieten hat Elfriede Bidmon im Nachwort gewürdigt. Allen Mitverantwortung Tragenden danke ich herzlich. Das brückenschlagende gemeinsame Tun hat den bisherigen Wiederaufbau ermöglicht; es möge den weiteren leiten. Mein Mitwirken geschieht aus Liebe zur Heimatkirche - ich bin in Neukinsberg geboren - und aus Dankbarkeit gegen Gott, der mich aus dem 2. Weltkrieg wieder glücklich zurückkehren ließ.

Nach zweijähriger Bauzeit konnte 1994 das 330-jährige Jubiläum im gemeinsamen Festgottesdienst von Deutschen und Tschechen gefeiert werden. Ergriffen und beglückt vom Erlebnis schrieb ein Festteilnehmer: „Möge der Klang der neuen Glocken nie mehr verstummen und von Frieden, Freiheit, Verständigung und Freundschaft künden." Die Worte sprechen die Zukunftsaufgabe der neuen Gebetsstätte an. Gebe Gott die Erfüllung!

Anton Hart
1. Vorsitzender des Vereins zur Erhaltung
und Förderung der Wallfahrtskirche Maria Loreto
in Altkinsberg, Egerland e.V.

Waldsassen, im April 1995
Stationsweg 46
Tel. 09632/848-30 Büro
09632/848-70 Privat

UNSERE LIEBE FRAU MARIA LORETO

Das Lied von Maria Loreto bei Altkinsberg

2. Sie trägt auf den Armen ihr göttliches Kind,
den König der Welten, Erlöser von Sünd'.
3. Sie segnet die Fluren, sie segnet den Wald,
sie segnet die Menschen, die hierher gewallt.
4. Sie kennt ihre Freuden, sie kennt all' ihr Leid,
sie kennt die Bedrängnis und Nöte der Zeit.
5. Sie heilt tiefe Wunden, sie heilt jeden Schmerz.
Sie schenkt neue Hoffnung dem bittenden Herz.
6. Sie hat durch Jahrhundert' getreu dies getan.
Sie tut es auch heut', führt als Glaubende an.
7. Zur Mutter des HERRN wählt Maria GOTT aus;
den Boten Sankt Gabriel sandt' er ins Haus.
8. „Du sollst Mutter werden dem EWIGEN SOHN.
ER steigt in dich nieder; dein Schoß wird sein Thron."
9. „GEIST GOTTES", spricht Gabriel, „bricht über dich ein.
So wirst du jungfräuliche Mutter IHM sein."
10. „Es soll mir geschehen gemäß deinem Wort."
Der Engel in Ehrfurcht sich beuget, eilt fort.
11. Das Ave des Engels, das Jawort der Magd
bewirkten Erlösung, befreiende Gnad'.
12. Drum jubeln die Menschen, es jubelt die Welt:
Die Menschwerdung GOTTES verkündet die Zelt.
13. Hell tragen drei Glocken die Botschaft hinaus,
das Lied von Loreto, von Nazarets Haus.

T: Sr. M. Illuminata Hart 1994

Maria Loreto mit Schulhaus vor seiner Zerstörung

Altkinsberg-Loreto - alte Aufnahme

Altkinsberg-Hroznatov

Am 9.9. feiern wir den letzten Gottesdienst. Mit dem Allerheiligsten wird der Pfarrer zum letztenmal seine Pfarrkinder segnen. Dann wird das Allerheiligste nicht mehr am Altare sein. Gott segne meine Pfarrkinder, beschütze und begleite sie. Maria mit dem Kinde lieb, uns allen deinen Segen gib!

Mit diesen bewegenden Worten schloß am 9. September des Jahres 1946, eines Jahres, das ganz im Zeichen der Vertreibung Deutscher aus ihrer angestammten Heimat im Osten stand, Vikar Andreas Placht, der letzte deutsche Pfarrer von Altkinsberg-Maria Loreto im Egerland, das Gedenkbuch seiner Pfarrei. Noch am gleichen Tag wurde er zusammen mit vielen seiner Pfarrkinder – es war der 10. Transport aus Altkinsberg – von den Tschechen in das Sammellager ins nahe gelegene Eger verbracht, von wo aus er vier Tage später mit dem Zug die Grenze nach Bayern passierte.

Heute, nach beinahe einem halben Jahrhundert, halte ich die Blätter dieses Gedenkbuches in meinen Händen, eines Buches, dessen letzte Seiten auch einen Teil meines Lebens mit erfassen.

Drei Jahrhunderte lang schrieben die Geistlichen, die hier ihr kirchliches Amt versahen, das Buch handschriftlich fort, hielten sie fest, was nach ihrer Meinung für die Nachwelt einmal von Bedeutung sein könnte oder was ihnen selbst sehr am Herzen lag. Sie machten es damit möglich, ihre Zeit auf faszinierende Weise für uns wieder lebendig werden zu lassen. Freude und Hoffnung, aber auch Frust, Trauer und Enttäuschung flossen aus ihren Federn:

Freude, hier in Altkinsberg mit seiner Gnadenstätte Maria Loreto wirken zu können, die kleinen Wunder der Opferbereitschaft, den religiösen Eifer der Pfarrkinder und das stetige Anwachsen der Pilgerschar erleben zu dürfen,

Frust über den ewig magersüchtigen Kirchensäckel, der meist nur die notwendigsten Anschaffungen und Reparaturen zuließ, so daß sie oft selbst zu Hammer und Malerpinsel griffen,

Trauer, wenn schwere Krankheiten oder Unglücksfälle ihre Pfarrkinder heimsuchten oder diese im Krieg ihr Leben verloren,

Enttäuschung, wenn sie scheiterten, wenn sie trotz ihres unermüdlichen Einsatzes nichts ernten konnten und schließlich der Pfarre Altkinsberg und Maria Loreto für immer den Rücken kehrten.

Im Laufe dieser drei Jahrhunderte wurde Maria Loreto eine der strahlendsten Gnadenstätten des Egerlandes, zu der viele Tausende von Pilgern wallfahrteten, um hier vor dem Gnadenbild „Unserer Lieben Frau Maria Loreto" zu beten, ihr die Sorgen anzuvertrauen und sie um Hilfe zu bitten.

Tiefer Friede liegt heute über der Gnadenstätte und dem angrenzenden Friedhof, auf dem Altkinsberg und die dahin eingepfarrten Ortschaften über Jahrhunderte weg ihre Toten begruben und auf dem jetzt nur noch einige wenige Grabsteine zwischen wilden Lupinen und blauen Vergißmeinnicht wie spitze Finger mahnend an den Gottesacker erinnern.

Man spürt hier nichts vom Leben unten im Dorf, in Altkinsberg, das früher einmal Kinsberg, später im Volksmund aber immer nur Loretto hieß und das nach dem 2.Weltkrieg von den Tschechen schließlich in Hroznatov umbenannt wurde. Man ahnt hier auch nichts von der Geschäftigkeit der nördlich liegenden früheren Reichsstadt Eger, jetzt Cheb genannt. Erst bei Einbruch der Dunkelheit signalisiert das Lichtermeer der nahen Stadt Leben.

Ein Blick nach Osten läßt den Kaiserwald und bei guter Sicht die Türme der Wallfahrtskirche von Maria Kulm erkennen. Im Süden erhebt sich über den weiten Wäldern mit ihren großen Pilz- und Beerenvorkommen der Tillenberg, dessen Reichtum an seltenen Mineralien Johann Wolfgang v. Goethe immer wieder aufs neue anlockte und begeisterte. Im Westen begrenzt der Glasberg mit der Kappel, deren drei Turmspitzen sich stolz in den blaudunstigen Himmel zu bohren scheinen, die Sicht ins Oberpfälzer Land. Zu ihren Füßen, meinen Blicken entzogen, liegt das quirrlige Städtchen Waldsassen mit seiner beeindruckenden Barockbasilika und der berühmten Klosterbibliothek.

Und vor mir die Grenze. Nur ein paar hundert Meter von hier entfernt, erkennbar als unbebauter Landstreifen, der sich wie ein endloser, häßlicher Lindwurm durch das weite Tal über Wiesen und Felder windet und Altkinsberg/Hroznatov von den benachbarten Oberpfälzer Ortschaften Querenbach, Hatzenreuth und Mammersreuth trennt. Die Grenze, ein geschichtsträchtiges Symbol des endlich überwundenen kalten Krieges zwischen Ost und West.

Geschichtsträchtig: Daß der erste Stauferkönig Konrad III. das Egerland 1146 vom seinerzeitigen Nordgau trennte und unmittelbar der Reichsgewalt unterstellte, mag noch ein besonderer Vorteil für dieses schöne Fleckchen Erde gewesen sein. Daß der Herzog von Oberbayern und spätere Kaiser Ludwig der Bayer 1314 dem Böhmenkönig Johann 20.000 Mark Silber und als Pfand das Egerland und damit auch Kinsberg für den Fall versprach, daß mit dessen Hilfe seine Wahl zum deutschen König gesichert werde, ist auch noch verständlich. Daß Ludwig das Pfand aber, aus welchen Gründen auch immer, nach der Verpfändung im Jahre 1322 nicht mehr einlöste, ist unverzeihlich. Dadurch verblieb nämlich das Egerland bis zum Ende des l. Weltkriegs unter der Herrschaft der Böhmenkönige. Diese waren aber seit dem 16. Jahrhundert, nach Begründung der österreichisch-ungarisch-böhmischen Monarchie, in der Regel auch römisch-deutsche bzw. seit 1806, dem Untergang des Heiligen Römischen Reiches Deutscher Nation, österreichische Kaiser und konnten - gleichsam als Gläubiger und Schuldner des Pfandes - letzten Endes mit dem Egerland verfahren, wie es ihnen gefiel. Und sie taten dies auch. Im 18.Jahrhundert bauten sie, Karl VI., Maria Theresia und Joseph II., die Eger als freier Reichsstadt einst verliehenen Sonderrechte ab. Das letzte Band zu Bayern, die kirchliche Zugehörigkeit des Egerlandes zur Diözese Regensburg, zerschnitt Kaiser Franz I. 1807, indem er durch Dekret, das der Papst und die Diözese Regensburg schließlich tolerierten, die Übernahme der oberhirtlichen Seelsorge für das Egerland durch die Prager Erzdiözese anordnete.

Oh Ludwig! Hättest du doch die läppischen 20.000 Silberlinge hergegeben! So mußten die Egerländer nach dem 1. Weltkrieg das Schicksal der übrigen Sudetendeutschen teilen, denen bei der Gründung der Tschechoslowakei das Selbstbestimmungsrecht der Völker verweigert wurde. Oh Ludwig! Warst du wirklich ein Bayer?

Santa Casa - das Heilige Haus von Nazareth in Loreto/Italien. Das Gnadenbild stammt aus dem Jahre 1921. Das ursprüngliche war durch einen Brand zerstört worden.

Santa Casa, das Heilige Haus von Nazareth

Im Jahre 1658 erwarb das Egerer Collegium der Gesellschaft Jesu, der Jesuiten, das Gut Kinsberg und die dazugehörigen ausgedehnten Waldungen und baute dort auf den Resten der von den Schweden im dreißigjährigen Krieg niedergebrannten Ritterburg aus dem 12./13. Jahrhundert ein imposantes Schloß. Gerade zu dieser Zeit erlebte die Marienverehrung vielenorts eine Hochblüte. Die Jesuiten im italienischen Loreto verbreiteten zahlreiche Schriften über die dortige Wallfahrtsstätte und ihre „mirakulöse" Entstehung. Beinahe in allen Ländern Europas, aber auch in einigen Lateinamerikas, entstanden Kapellen und Kirchen, die der Heiligen Jungfrau Maria von Loreto geweiht waren.

So wollten auch die Egerer Jesuiten hier ein Zeichen besonderer Marienverehrung setzen und auf der höchsten Erhebung Kinsbergs ein lauretanisches Haus errichten, ein Haus Mariens, nach dem Vorbild des Heiligen Hauses in Loreto in den Marken Italiens. In diesem einfachen, lediglich aus einem Raume bestehenden Haus von 9.52 m Länge und 4.10 m Breite, das nach der Überlieferung ursprünglich in Nazareth an eine Felsenhöhle angebaut war, wurde Maria geboren. Hier brachte ihr der Engel des Herrn die Botschaft, ist das Wort Fleisch geworden, war der Ort der Inkarnation, der Menschwerdung Gottes. Hier soll Jesus mit Maria und seinem Ziehvater Josef gelebt haben, bis ihn seine „Sendung" von diesem Haus fortführte.

Dieses Haus Mariens, so ging die Kunde, wurde im Jahre 1291 auf wunderbare Weise von Engeln aus Nazareth fort und nach Tersato in Dalmatien getragen und von dort am 10. Dezember 1294, vor 700 Jahren also, bei Recanati in Italien in einen Lorbeerhain - lateinisch lauretum, italienisch laureto - gebracht, daher auch der Name Loreto. Wegen Umtriebs räuberischer Banden erhob es sich wiederum und ließ es sich auf dem nahe gelegenen „Hügel der zwei Brüder" nieder. Als diese jedoch wegen der Opfergelder der Pilger in Streit gerieten, erhob sich die „Reliquie" von neuem und fand schließlich am 7. September 1295 auf einer öffentlichen Straße, die über diesen Hügel zum Hafen von Recanati führte, ihren endgültigen Platz. Um diesen entwickelte sich nach und nach der italienische Ort Loreto.

...Hirten erzählten, sie hätten das Haus gesehen, als würde es von unsichtbaren Händen durch die Luft getragen, über das Adriatische Meer kommen...

...Ein Zeuge erklärte, der Großvater seines Großvaters habe gesehen, daß das Haus „wie ein Schiff auf den Wogen des Meeres" dahergekommen sei...

...Eine Seherin berichtete: „Ich sah, wie es sieben Engel über das Meer trugen. Es hatte keinen Boden. Drei Engel trugen auf der einen, drei auf der anderen Seite das Haus. Einer schwebte voraus, der eine lange Lichtbahn um sich hatte"...

Noch heute zünden die Gläubigen der Marken in der Nacht zum 10. Dezember in Erinnerung an die Ankunft des Heiligen Hauses auf den Hügeln und entlang der Küste große Feuer an, um, wie es heißt, die Reise der Wohnstätte Mariens zu erleuchten.

Wissenschaftliche Untersuchungen sollen ergeben haben, daß Steine und Mörtel, aus denen das lauretanische Haus gebaut ist, in Italien nicht vorkamen, aber mit dem Material der in Nazareth erstellten Gebäude identisch waren, und daß die Ausmaße des lauretanischen Hauses mit denen der in Nazareth verbliebenen Fundamente übereinstimmen; die verbliebene Höhle, eine Grotte, kann heute noch im Innern der Basilika von Nazareth besichtigt werden. Weiter steht wohl fest, daß man im Volksmund früher die Mönche und später sogar die Kreuzfahrer als „Engel" bezeichnete. Und es ist bekannt, daß Kreuzfahrer aus dem Heiligen Land viele Reliquien und andere Schätze auf Lastkähnen mit in die Heimat nahmen. So sollen die Pisaner Erde vom Ölberg und vom Berg Tabor überbracht haben, um ihren Friedhof „Campo Santo" damit zu decken. Hinzu kommt, daß im Jahre 1900 im Vatikan-Archiv Dokumente gefunden wurden, die offenbar belegen, daß eine byzantinische Adelsfamilie „Angeli" (=Engel), Nachkommen der Kaiser von Konstantinopel, im 13. Jahrhundert das „Material" des Hauses Mariens vor der Zerstörung durch die Muselmanen rettete, indem sie es nach dem heutigen Loreto bringen ließ. Im übrigen sind bei Grabungsarbeiten u. a. 2 Münzen, die von einer sicheren Verbindung zur Familie Angeli zeugen, und 5 kleine rote Stoffkreuze, wie sie bei den Kreuzrittern üblich waren, gefunden worden. So wird heute vielfach angenommen, daß Kreuzfahrer im Auftrag der Familie Angeli das „Material" des Heiligen Hauses überführt haben.

Und die Pilger kamen. Unter ihnen Päpste, Kaiser und Könige, Künstler und Dichter. Auch Mozart, der nach einer solchen Pilgerfahrt die „Lauretanische Litanei" komponierte. Die Marienverehrung sprengte alle

Grenzen. Und Loreto wurde groß, Loreto wurde reich! Das französische Königspaar, Ludwig XIII. und Anna von Österreich, brachte 1638 allein zum Dank für die Geburt seines Thronfolgers Ludwig XIV. zwei mit Diamanten besetzte Kronen und auf einem silbernen Kissen ein „königliches Kind" aus Gold im Gewicht des Neugeborenen von astronomischem Wert. Und Königin Christine von Schweden, die vom evangelischen zum katholischen Glauben übertrat, übergab nach ihrem Thronverzicht auf einer Reise nach Rom der Jungfrau von Loreto Zepter und Krone. Der Schatz Loretos galt als einer der größten und berühmtesten in ganz Europa, bis Napoleon gegen Ende des 18.Jahrhunderts kurzerhand den Schatzsaal plünderte, um seine Finanzen wieder etwas zu sanieren. Aber die Pilger kamen weiter, und die Schatztruhen von Loreto füllten sich von neuem.

Millionen von Menschen, kranke und gesunde, kommen heute noch alljährlich auf den Hügel Loretos, um im Heiligen Haus von Nazareth Maria ihre Bitten vorzutragen.

> ...Ich sah sie die Steine küssen, mit Stirn und Händen die Wände berühren, vor dem Gnadenbild auf den Knien den Altar umrunden, versunken im stillen Gebet...

Marmorverkleidung der Santa Casa. Diese von Papst Julius II. in Auftrag gegebene Außenverkleidung wurde Anfang des 16. Jahrh. nach den Plänen des berühmten Architekten Donato Bramante von den bedeutendsten italienischen Künstlern geschaffen.

Altar der Gnadenkapelle - mit der schwarzen Madonna - 1687 von Tischler Johann Bernhard Drechsler, Eger, gefertigt - alte Aufnahme.

Maria Loreto, das Heilige Haus in Kinsberg

Die Absicht der Ordensmänner, auf dem Kinsberg ein lauretanisches Haus, eine Stätte zur Verehrung Mariens zu errichten, schien sich vorerst nicht verwirklichen zu lassen. Denn woher sollten sie das Geld hierfür nehmen, wenn noch Schulden drückten.

Doch da kam ein Lichtblick auf sie zu, und zwar just in der Person der Gläubigerin, der ehrbaren Frau Maria Francisca, geborenen Gräfin von Zwrtby, verwitweten Wrgczowetziana.

Wie schön das klingt! Ehrbare Frau Maria Francisca, geborene Gräfin von Zwrtby, verwitwete Wrgczowetziana! Wie ihr, Maria Francisca, das wohl so gelang, ihren Namen immer richtig und flüssig auszusprechen, selbst noch nach einem Gläschen Wein, falls sie je eines getrunken haben sollte? Sie verzeihe mir, wenn mir mit oder ohne einem Gläschen Wein einige Konsonanten ihres Namens verlorengegangen sein sollten.

> ...Wenn ich einen Mann bekomme, der an die zweimal hunderttausend Güter hat, so schenke ich euch den letzten (Zahlungs-)Termin...

So sprach eben dieselbe frommedle Witwe Maria Francisca zum Rektor der Gesellschaft Jesu. Und sie meinte dies auch ehrlich.

Später erhielt die verehrungswürdige Gräfin den hochehrbaren Grafen Ferdinand von Heisenstein zum Gemahl, dessen Güter auf 500.000 rheinische Gulden geschätzt wurden. Doch konnte sie nur einen kleinen Teil ihres Versprechens einlösen, da, wie der Ordensmann seinerzeit verbittert ins Gedenkbuch von Kinsberg schrieb,

> ...ein anderer dazwischenkam, der für diese Ernte nichts gesät hatte und in diese schnell seine Sichel steckte...

Trotz aller Schwierigkeiten wurden am 3. Oktober 1664 auf dem Berg von Kinsberg die ersten Fundamente für das lauretanische Haus gelegt und am 19. des gleichen Monats, an einem Sonntag, durch den Tepler Abt Raymund Wilfert unter regenlosem, heiterem Himmel der Ehrenstein für das lauretanische Haus gesetzt mit der Inschrift:

„Dem Menschgewordenen Gott,
Sohn der Jungfrau
Der Mutter Gottes allzeit unbefleckten Jungfrau
Hat dieser zu Ehren gesetzet
MARIA FRANCISCA Gräfinn von Heisenstein
Geb. Gräfinn von Zwrtby
durch Händen Raymund Wilfert Abten zu Töpl
den 19. Oktobris anno 1664".

Die Muttergotteskapelle wurde nun genau nach dem Vorbild des Heiligen Hauses von Nazareth in Italien gebaut. Mit den unverputzten Ziegelwänden und dem kleinen hochliegenden Fenster, das nur wenig Licht einließ, war sie dem einfachen Wohnraum Mariens nachempfunden, in dem ihr der Engel des Herrn die Botschaft brachte. Den in Nazareth zur Felsenhöhle führenden Übergang dieses Wohnraumes deutete hier eine breitkarierte, zu beiden Seiten mit je einer Türe versehene Eisengitterwand an, die den Andachtsraum mit einem anschließenden schmalen Raum verband. Dieser beherbergte in einer Nische im oberen Teil der Rückwand das im Jahre 1665 aus Loreto in Italien herbeigebrachte Gnadenbild, eine aus Lindenholz gearbeitete, künstlich geschwärzte, ca. 90 cm hohe Statue der Muttergottes mit dem Kind am Arm, die die Gräfin Heisenstein in einen kostbaren, kunstvoll aus Metall gearbeiteten, mit silbernem Rankenwerk und Edelsteinen geschmückten Krönungsmantel hüllen ließ. Beim Betreten des Andachtsraumes fiel so der Blick unmittelbar über den Altar hinweg auf das Gnadenbild.

> ...Die friedliche Stille in dem kleinen, in geheimnisvolles Halbdunkel getauchten kargen Andachtsraum mit den kahlen roten Ziegelwänden löscht beim Eintretenden augenblicklich alles Gegenwärtige aus. Eine große innere Bewegung erfaßt ihn. Wie von einer unsichtbaren Kraft gezogen wendet sich sein Blick auf die im unruhigen Schein der brennenden Kerzen alle Liebe dieser Welt verschenkenden schwarzen Muttergottes. Und wie von selbst formen seine Lippen die Worte aus seiner Kinderzeit: „Heilige Mutter Gottes, bitte für mich!"...

Später begannen die Jesuiten die Gnadenkapelle nach und nach mit einem überdachten, nach außen geschlossenen, aber zum Innenhof hin durch Arkaden geöffneten vierseitigen Kreuzgang zu umbauen. Hierbei bezogen sie an der Ostseite eine dort bereits vorhandene, im Jahre 1557 im Polygon erbaute, also hundert Jahre alte Kirche, die Heilig-Geist-Kir-

Das Gnadenbild „Unsere Liebe Frau Maria Loreto" wurde nach der Ankunft aus Loreto/Italien unter dem Jubel der Gläubigen in der Gnadenkapelle zur allgemeinen Verehrung aufgestellt. Die dem Gnadenbild beigefugte Urkunde lautete:
„Samuel Laberhutti, Ponitentiar zu Loreto, an P. Dasselmann, Rektor (der Jesuiten in Kinsberg). 13. November 1665 Das Bild, welches übersandt, echt nach allen Punkten des Originals, hat Längen, Breiten und Farben der heiligen Statuen. Es ist auf den Füßen der heiligen Statue gelegen mit Allerheiligen und Oktav, damit die liebe Frau es segne und freundlich benedeie. P. Laberhutti."

che, ein, deren seinerzeitiger baulicher Zustand sich heute nicht mehr feststellen läßt. Das Hauptportal, durch das man in den Innenhof mit dem Kreuzgang, der Gnadenkapelle und der Heilig-Geist-Kirche gelangte, wurde mit einem imposanten Glockenturm mit einer hohen, geschwungenen Zwiebelhaube versehen. Die vier Eckkapellen, die ins Kreuzganggeviert integriert waren, erhielten ebenfalls kleine Turmhauben in der gleichen gefälligen Form.

Und glücklicherweise fanden sich immer wieder Wohltäter, die mit ihren mehr oder minder großen Weihgaben ein Weiterführen der Arbeiten ermöglichten. So wurden alle vier sich in den Kreuzgängen befindlichen Eckkapellen, die dem hl. Franz Xaver, der hl. Jungfrau Maria, ihren Eltern Joachim und Anna sowie Zacharias und Elisabeth geweiht waren, mit Altären bestückt, damit die Ordenspatres sowie die auswärtigen Priester mit ihren Wallfahrergruppen auch hier die Meßopfer zu jeder Zeit feiern konnten. In den Kreuzgängen selbst wurden weitere Beichtstühle aufgestellt sowie auch Bänke zum Ausruhen, um den zu erwartenden Andrang der vielen Beichtwilligen reibungsloser bewältigen zu können. Und die Wände der Kreuzgänge konnten nach und nach mit 26 großen, im Stil der niederländischen Hell-Dunkel-Malerei geschaffenen Ölgemälden geschmückt werden, die das Leben und Wirken der Gottesmutter Maria auf Erden sowie im Himmel auf eindrucksvolle Weise darstellten. Man nannte diese Gemälde auch Stillstände, da die Gläubigen vor jedem dieser Bilder stehenblieben und das jeweils dazugehörige Betrachtungsgebet verrichteten, bevor sie sich dem nächsten Bild zuwandten.

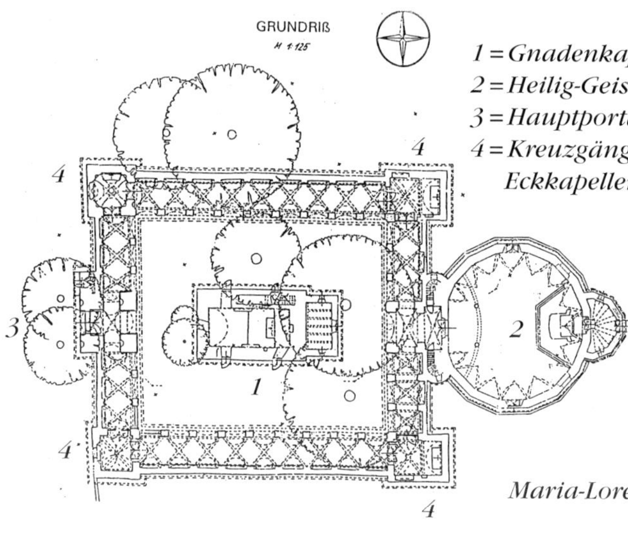

1 = Gnadenkapelle
2 = Heilig-Geist-Kirche
3 = Hauptportal/Glockenturm
4 = Kreuzgänge mit Eckkapellen

Maria-Loreto 1665

Der Große Kreuzweg von Kinsberg

Bereits im Jahre 1660 besuchte ein Ordensmann, vermutlich der Rektor des Egerer Collegiums, Pater Johannes Dasselman, eine ihm sehr empfohlene Kreuzweganlage und war von ihr augenblicklich angetan. Der Gedanke, eine ähnliche Anlage, nur noch viel eindrucksvoller, noch viel großartiger, auch in Kinsberg zu schaffen, ließ ihn von da an nicht mehr los. Ja, es faszinierte ihn geradezu, hier in dieser romantischen Lage, die der in Jerusalem so sehr ähnlich war, hingetupft auf Hänge und Wiesen, als wären sie Perlen an einem Rosenkranz, die Stationen des Großen Kreuzwegs, den Leidensweg Christi entstehen zu lassen. Das am Fuße des Berges liegende Dorf Kinsberg, dessen Häuser und Höfe sich vom Tal her an die schieferfelsendurchzogenen Hänge schmiegten und das auf einer vorspringenden Felsennase stehende und im Wiederaufbau begriffene Schloß umringten, sollte nach seiner Vorstellung Jerusalem darstellen, das kleine Wäldchen hinter Kinsberg den Ölberg. Die sechste Station „Jesus wird durch den Bach Cedron geführt“ würde er neben den Dorfbach, den Muglbach, setzen und diesem hier den Namen „Bach Cedron“ geben. Ein Pilatushaus sollte entstehen, ein Rundbau mit sechs nach außen hin geöffneten Stationen, die Jesus bei Pilatus zeigten, den Ort, wo Jesus angeklagt, gegeißelt und mit Dornen gekrönt wurde, wo Pilatus ihn dem Volk vorführte mit den Worten: „Ecce homo - Sehet, welch ein Mensch!“, wo das Volk schrie: „Kreuzige ihn!“ und Jesus zum Tode verurteilt wurde. Der steile Hang am Rande Kinsbergs könnte den Kalvarienberg darstellen. Und unweit der Gnadenstätte sollte das Heilige Grab seinen Platz finden.

29 Kreuzwegstationen sollten es sein und genau nach den Abmessungen der Gedenksteine in Jerusalem angelegt werden, meist halboffene gemauerte Kapellen mit lebensgroßen, holzgeschnitzten und bunt bemalten Figuren darin und einem kleinen Lattenzaun davor. Mit dem „Heiligen Brunnen“, einer gefaßten natürlichen Quelle nahe der geschlossenen Abendmahlskapelle, würde der Kreuzweg insgesamt 30 Stationen zählen. Für den Wallfahrer bedeutete dies, daß er beim Abbeten der Stationen einen Fußweg von gut 2 1/2 Stunden zurückzulegen hätte, bevor er die Gnadenstätte Maria Loreto erreichte.

Aber dem Egerer Orden, der sehr arm war, fehlten eben die nötigen Mittel, neben dem Schloß und der Wallfahrtsstätte noch ein zusätzliches großes Projekt in Kinsberg verwirklichen zu können. Und so begann der Ordensmann, sich an weitere mögliche Geldgeber zu wenden. Schließlich konnte er jedoch ins Gedenkbuch schreiben:

> ...Als die Sammlung in der Hauptsache geschehen war, begannen wir mit Gottes Hilfe die Stationen für das Leiden Christi zu errichten im Jahr 1664, am 29. Mai...

Das war also im gleichen Jahr, in dem am Kinsberger Berg auch der Ehrenstein für die Loreto-Kapelle, das lauretanische Haus, gesetzt wurde. Es vergingen aber noch viele Jahre und bedurfte noch vieler Spenden, bis die Gnadenstätte und der Große Kreuzweg fertiggestellt waren und – weithin sichtbar – die Gläubigen zum Gebet einluden. Und der Chronist schrieb:

> ...O Maria, wende deine mitleidigen Augen auf uns alle, die dich hier anrufen werden, und wende sie mitleidig auf das dir unterstellte Kinsberg!...

Rundbau-Kapelle (Pilatushaus): 11.-16. Station. An ihrer Stelle und an der Stelle des links liegenden „Lehnhofes", der einst zum Gut Kinsberg gehörte, wurde eine tschechische Kaserne gebaut

Die Wallfahrten nach Maria Loreto

Schon im Jahr 1671, während die Gnadenstätte noch im Aufbau begriffen war, fand in Maria Loreto der erste Umgang, die erste Prozession statt. Und der Chronist schrieb:

> ...Da die Gebete der Menge doch von geringer Lautstärke sind, wollen wir den stark wirkenden Ton einer Glocke hinzufügen. Sie soll auch die entfernter Wohnenden zu den göttlichen Handlungen herbeirufen oder sie ermahnen, die Jungfrau zu grüßen. Und wir hingen eine Glocke auf, die auf den Namen „Maria Margaretha" geweiht wurde...

Und die Pilger kamen, kamen von nah und fern, staunten, beteten und spendeten. Es war das kleine, ländlich-idyllische, das bescheidene Loreto, das sie so anzog, das ihnen das Gefühl gab, nach Hause zu kommen, hier im Hause Mariens, vor der Mutter Gottes alle ihre Sorgen und Nöte ausbreiten, bei ihr Trost suchen und finden zu können. Hier geschahen nicht die großen Wunder, vollzogen sich keine so aufsehenerregende Wunderheilungen, wie man sie dem großen italienischen Loreto zuschrieb. Nein, hier geschahen die kleinen Wunder, im Verborgenen, in aller Stille, wenn Kranke nach einem Besuch in Maria Loreto sich plötzlich von Blattern, hitzigem Fieber, heftigen Gichtanfällen und allerlei Kopfleiden geheilt sahen oder wenn sie wieder besser hören oder sehen konnten. Zahlreiche, in der Gnadenkapelle aufgehängte Weihegeschenke und Votivtafeln gaben davon Zeugnis.

Während der Wallfahrtszeit, sie begann jeweils mit dem Palmsonntag und endete im allgemeinen mit dem Allerseelensonntag im November, kamen die Pilger meist in Gruppen und unter der Führung ihrer Ortspfarrer oder Vorbeter nach Altkinsberg. Sie beteten dort den Großen Kreuzweg ab, beteten in den Kreuzgängen bei den Stillständen, beichteten, feierten das Heilige Meßopfer und besuchten, als Höhepunkt der Wallfahrt, die Gnadenkapelle, das Haus Mariens.

An den alljährlichen Wallfahrtsfesten jedoch, dem Großen Umgang am Bittsonntag und dem Kleinen Umgang ein paar Tage danach, an Christi Himmelfahrt, kamen die meisten Prozessionen nach Loreto. Und ganz Altkinsberg, nein ganz Loretto, stand schon tagelang davor kopf. Es wurde überall geputzt, gekocht und gebacken. Die Höfe und Straßen wurden gefegt, die Häuser, Kirchen und Kreuzwegstationen geschmückt, die Festtagskleider aus den Truhen geholt und gelüftet sowie die Schlafplätze für die Wallfahrer, die über Nacht blieben, gerichtet. Wenn sich dann der Zug der Wallfahrer in ihren alten Trachten und bunten Kleidern, mit flat-

HOCHALTAR DER WALLFAHRTSKIRCHE
ZUM HEILIGEN GEIST
– vor der Zerstörung –

ternden Fahnen, lauten Gebeten und zu Herzen gehenden Liedern unter dem wütenden Gebell der Hofhunde durch die Straßen Lorettos zur Wallfahrtskirche hinbewegte, wirkte das ganze Dorf wie ein einziger Festplatz.

Roland Kraus aus Röthenbach a. d. Pegnitz schilderte eine Wallfahrt von Dreihacken bei Marienbad nach Maria Loreto nach den Erzählungen seiner Mutter:

„...Am dritten Bittag, es war immer der Mittwoch vor dem Fest Christi Himmelfahrt, haben sich Jahr für Jahr 25 bis 30 Dreihackener auf den Weg nach Loreto gemacht. Nach der Verabschiedung durch den Pfarrer wurde das erste Gebet bei Klein-Schönthal gesprochen. Dort war an einem Baum ein heiliges Bild angebracht; man betete um eine glückliche Heimkehr von Loreto... Vor den Ortschaften wurde die Loretofahne ausgerollt und an der Stange befestigt. Unter dem Geläut der Kirchenglocken zog man singend durch den Ort, wie z.B. Maiersgrün. Am Fuße des Tillenberges war es Zeit für eine erste Rast. Man verzehrte Eier und Brot oder auch ein Stück Marmor-Guglhupf. An jedem Wegkreuz wurde gebetet. In Palitz kehrte man ein, es war Mittagszeit. Zum Essen gab es meist Suppe und Bier, denn für ein großes Menü hatten die Leute von damals zu wenig Geld. Singend und betend zog man weiter. Auf manchen Häusern befand sich eine Glocke. Sahen die Bewohner die Wallfahrer kommen, wurde geläutet. Die Gruppe der Wallfahrer vergrößerte sich später am Straßenwirtshaus in Neukinsberg. Es kamen dann die Dreihackener hinzu, die mit dem Zug bis zum Bahnhof Lindenhau gefahren waren... Nach dem Abbeten des Kreuzweges in Loreto, das 2 ½ Stunden dauerte, und der Andacht in der Gnadenkapelle ging man ins Nachtquartier nach Altkinsberg. Sehr viele Dreihackener übernachteten auf Stroh, das in der Stube des Bauernhauses Melcher ausgebreitet worden war. Am Morgen des Himmelfahrtstages besuchten die Wallfahrer den Gottesdienst und beteten anschließend im Kreuzgang. Noch am späten Vormittag mußten sie sich wieder auf den Weg zurück nach Dreihacken machen. Dort kamen dann viele Kinder, aber auch Erwachsene entgegen, denen man als Wallfahrtsmitbringsel 'Toler' schenkte. Dies war ein Gebäck aus Zuckerwasser und Mehl. Die mit einem neuen Loretosträußchen geschmückte Fahne fand in der Kirche wieder ihren alten Platz. Mit einem Segen ging die anstrengende Fußwallfahrt zu Ende...“

Natürlich gab es für die Loreto-Wallfahrer auch kirchenamtliche Hinweise. So stand in der Festschrift aus dem Jahre 1915 u.a. zu lesen:

...6. Vor Ankauf von abergläubischen Gebetszetteln, zum Beispiel Toblassegen, Brief der vom Himmel gefallen usw. usw. wird gewarnt.

7. Bei Kerzenopfern wird gebeten, die Kerzen anzubrennen und dann nach einiger Zeit abzulöschen und auf den Gnadenaltar zu legen. Dieselben werden dann im Laufe des Jahres auf den Altären verbrannt...

Schloß, Schloßkirche und Hroznata

1758, hundert Jahre nach dem Erwerb des Gutes Kinsberg, sahen sich die Ordensmänner aufgrund eines Vermächtnisses ihres Paters Kaspar Wagner in der Lage, die bereits im Jahre 1617 erbaute, bei der Zerstörung der Ritterburg 1648 durch die Schweden vermutlich mitzerstörte Dreifaltigkeitskirche (Schloßkirche) wieder aufzubauen. Diese verbanden sie in der Apsis durch eine Empore mit dem Schloß. So konnten sie die Kirche über eine Treppe durch die Sakristei betreten. Und Schloßbesitzer und Ehrengäste waren in der Lage, von der Empore her dem Gottesdienst mit beizuwohnen, ohne sich unter das „gewöhnliche Volk" mischen zu müssen.

Leise Wehmut erfaßt mich heute noch beim Anblick des jahrhundertealten Schlosses mit seinen Zinnen und Mauern, dem mächtigen, runden, schwarzen Turm, der Brücke, die den düsteren Schloßgraben überspannt, und der lieblich wirkenden Kirche, die dem Schloß das Wildromantische, Geheimnisumwobene keineswegs zu nehmen vermag. Spielten in meinen Kinderträumen doch alle die schaurig-schönen Geschichten aus meinen Märchenbüchern, in denen es von edlen Rittern, feurigen Pferden, lieblichen Burgfräulein und grausamen Bösewichten nur so wimmelte, hier auf diesem Schloß. War die Kirche doch unverrückbar verbunden mit Erinnerungen an eine kinderselige Weihnachtszeit, an das gläubige Warten auf das Christkind, das in der Heiligen Nacht mit seinen Engeln trotz knirschenden Schnees und klirrender Kälte vom Himmel herunter zu uns Menschen kommen sollte.

Angesichts des mächtigen, schwarzen Turmes geriet schon lange vor mir ein berühmter deutscher Dichter ins Schwärmen. Es war Johann Wolfgang von Goethe auf seiner Reise nach Pograth bei Eger. Er schrieb u.a.:

> ...ich sage nicht zu viel: stünde dieser Thurm in Trier, so würde man ihn unter die vorzüglichsten dortigen Alterthümer rechnen; stünde er in der Nähe von Rom, so würde man auch zu ihm wallfahrten...

Und da war noch Hroznata, ein sehr gebildeter und begüterter böhmischer Adeliger, Gründer der beiden Prämonstratenserklöster Tepl und Chotieschau in Westböhmen, dessen Schicksal sich hier in der Kinsberger Burg auf grausamste Weise erfüllte. Hroznata trat nach dem Tod seiner Frau und seines Kindes mit seinen Gütern dem Prämonstratenserorden in Tepl bei. Im Jahre 1217 nahmen ihn die Kinsberger Ritter wegen Besitzstreitigkeiten gefangen, kerkerten ihn in dem am Felsabhang zum Muglbach gelegenen viereckigen Turm ein und verlangten für seine Freilas-

Blick in die Schloßkirche; links Hroznata-Altar, anschl. Lourdes-Grotte, rechts Altar mit Bild und den Figuren der 14 Nothelfer - alte Aufnahme

Schloß- oder Dreifaltigkeitskirche, in der hauptsächlich außerhalb der Wallfahrtszeit Gottesdienst gehalten wurde

sung ein Lösegeld, das der Orden zahlen sollte. Hroznata weigerte sich jedoch, auf diesem Wege freizukommen. Daraufhin ließen die Ritter ihn im Turmverlies verhungern. Seine Brüder holten den Leichnam nach Tepl. Mit päpstlichem Dekret vom 16. September 1897, ca. 700 Jahre nach seinem Tod, wurde die Verehrung des seligen Märtyrers Hroznata bestätigt und gutgeheißen.

> ...Altkinsberg - der Ort des Martyriums des sel. Hroznata. Welch ein Vorzug! Welch eine Gnade! Keine Stadt, kein Dorf im ganzen Egerland und in ganz Deutsch-Böhmen darf sich eines solchen Vorzugs rühmen wie Altkinsberg...

schrieb der damalige Pfarrer Bernard Jirschele anläßlich der Seligsprechung ins Gedenkbuch der Pfarrei.

Im Jahr darauf, 1898, veranstaltete das Stift Tepl zur Erhebung und neuen Beisetzung der Gebeine Hroznatas ein feierliches Triduum. Altkinsberg wollte nicht nachstehen und feierte hier am Sterbeort des Seligen ebenfalls ein Triduum. Die Patronatsfrau Anna Zunterer stiftete aus diesem Anlaß einen neuen Seitenaltar mit einem großen Gemälde des Märtyrers, den bis in die heutige Zeit erhaltenen Hroznata-Altar. Das Prager Consistorium widmete der Schloßkirche eine Reliquie Hroznatas in einem Reliquiar in Form eines Kreuzes. Damit noch nicht genug. Am Rosenkranzfest im Oktober des gleichen Jahres wallfahrteten die Altkinsberger zum Grab ihres seligen Hroznata im Stift Tepl. Trotz der Weite des Weges und der Kürze des Tages - die Eisenbahn nach Tepl war noch nicht in Betrieb und die Wallfahrt wurde in einem Tag gemacht - beteiligten sich doch an die zweihundert Personen. Hierzu schrieb Pfarrer Bernard Jirschele:

> ...Der Gemeinde Altkinsberg gebührt auch der Ruhm, die allererste Wallfahrt zum Grabe des sel. Hroznata unternommen und so anderen Kirchengemeinden ein Beispiel der Nachahmung gegeben zu haben...

> ...und es hat Nachahmung gefunden. Seit jenem Rosenkranzfest sind schon viele Prozessionen nach Tepl geführt worden...

Hroznata-Altar in der Schloßkirche

Im Jahre 1855 wurden die Lokalie Kinsberg, die sowohl Altkinsberg als auch Neukinsberg, Kleinschöba, Oberlindau und Unterlindau seelsorgerisch betreute, endlich zur selbständigen Pfarrei erhoben und der seinerzeitige Lokalist Georg Pfannenstill nach Ablegung des vorgeschriebenen Pfarr-Investitureides als Pfarrer von Kinsberg eingesetzt. Dieser bekam, wie er selbst schrieb, nun auch ein höheres Gehalt. Zwei Jahre später wurden auch die Orte Altalbenreuth, Boden und Gosel nach Kinsberg eingepfarrt.

... 5 Ellen weißer Stoff mit Goldblumen
2 Ellen hochrother Sammt
Der Name „Maria" mit Gold gestückt
9 Ellen breite Goldborten
16 Ellen schmälere Goldborten
2 Ellen schmale Goldborten auf die Kreuzeln
4 Ellen Goldspitze
4 Ellen Unterfutter
4 Ellen weißer Kotton, den Stoff zu unterlegen
5 Ellen rother Kotton unter das Seidenfutter
4 Ellen Steifleinwand
5 Ellen Bänder im Ganzen und Macherlohn nebst Nähseide...

waren nötig zur Anschaffung eines neuen Meßgewandes, das die Pfarrkinder ihrem Seelsorger zum Geschenk machten. Die alten Meßgewänder waren zum Teil schon sehr zerschlissen und die aufgenähten Blumenornamente unansehnlich, da diese meist von noch älteren Gewändern stammten. Der notorische Geldmangel zwang die Pfarrer immer wieder, nach dem Grundsatz zu verfahren: „Aus alt mach neu" oder „Aus zwei mach eins". Und als die Anschaffung eines weiteren, eines roten festtägigen Meßgewandes erforderlich wurde, wies Pfarrer Pfannenstill seine Pfarrkinder bei jeder sich bietenden Gelegenheit, z.B. bei den Geisteslehren in den einzelnen Ortschaften, auf das Fehlen eines solchen Gewandes hin, um bei der Sammlung hierfür ein recht gutes Ergebnis zu erzielen. Nicht ohne Hintergedanken sammelte er auch, bevor er an die Türen seiner Pfarrkinder klopfte, zuerst in den nicht eingepfarrten und doch sehr spendenfreudigen Nachbarorten wie z.B. Hatzenreuth und Schloppenhof. Der Erfolg gab ihm auch recht. Keines seiner Pfarrkinder wollte sich beschämen lassen und spendete. Und nachdem so die Finanzierung dieses weiteren roten festtägigen Meßgewandes gesichert war, gab er die Bestellung umgehend auf. In die Chronik schrieb er später:

> ...Zugleich bestellte ich in Prag eine neue Albe mit Cingulum, ohne für den Augenblick zu wissen, wer sie bezahlen würde. Doch ich hatte das feste Vertrauen, daß mir der liebe Gott auch für diese Auslage einen Zahler werde finden lassen. Derselbe ging, gewiß durch Gottes Fügung am Pfarrhofe vorüber, als eben das neue Meßgewand samt der Albe und Cingulum angekommen war. Ich erblickte ihn, und wie ein Blitz fuhr mir der Gedanke durch den Sinn: Den schickt dir Gott als Zahler der neuen Albe. Und indem ich ihm hierauf die Albe und das Cingulum vorhielt, sprach ich ganz feyerlich: „Und dieses hier habe ich auf eure Rechnung bringen lassen." Und was geschah? Er zahlte. Hier hat sich also so recht der Ausspruch der Schrift bewährt: Wer auf Gott vertraut, der hat auf festen Grund gebaut...

Die Pfarrkinder spendeten allerdings nicht immer ganz uneigennützig. Sie gaben ihr Geld oft sehr gezielt: für einen Himmel, einen Kelch, ein buntes Kirchenfenster, für Altarpolster, gestickte Altardecken oder Altarleuchter, damit ihr Name stets mit dem angeschafften Gegenstand in Verbindung bliebe. So werden, um nur einige wenige Beispiele zu nennen, der 1665 angeschaffte kostbare Krönungsmantel für das Gnadenbild Maria Loreto immer mit der Gräfin Heisenstein, der 1899 für die Schloßkirche gestiftete Hroznata-Altar immer mit der Patronatsfrau Anna Zunterer und der 1915 gestiftete goldene Sternenkranz für das Gnadenbild immer mit den Patronen Dr. Karl Maria und Isabella Herrmann verbunden bleiben. Der 1876 verstorbene Alexander Frank setzte sich mit einer Stiftung zur Erhaltung des Großen Kreuzwegs von Kinsberg ein bleibendes Andenken, einer Stiftung, deren Zinsen allein es meist ermöglichten, die immer wieder von Stürmen, Regen und Schneemassen oft arg beschädigten Kreuzwegstationen in gutem Zustand zu erhalten. Er stiftete 1874 auch die 14 Kreuzwegbilder in Ölfarbendruck und breitem Goldrahmen für die Schloßkirche. Ein Schuhmachermeister aber ließ sich etwas ganz besonderes einfallen. Er vermachte der Kirche in seinem Testament alle seine uneinbringlichen Forderungen, sicher mit dem Hintergedanken, daß die Schuldner im Angesichte des Pfarrers schon zahlen würden.

Und die Leute, die spendeten und stifteten, taten das überdies in dem Wissen, daß an den Sonn- und Feiertagen jeweils nach der Predigt in der Kirche öffentlich ein Vaterunser für sie als Wohltäter gebetet werde. Und Pfarrer Wilhelm Schwenz schrieb hierzu: „Darin liegt das Geheimnis der großen Opferwilligkeit!" Pfarrer Michael Mareth gebrauchte an anderer Stelle einmal das Sprichwort: „Wer zahlt, dem wird gegeigt."

Im Herbst des Jahres 1911 hatten die Altkinsberger ganz besonderen Grund zur Freude. Das elektrische Licht kam in ihr Dorf. Am Sonntag, dem 19. November, wurden unter dem Donner von 3 Kanonenschüssen die 3 elektrischen Lampen im Dorf erstmals eingeschaltet. Und am Heiligen Abend des gleichen Jahres konnte in der Schloßkirche die Christmette zum erstenmal unter der elektrischen Beleuchtung durch 5 Lampen feierlichst begangen werden, während in der Wallfahrtskirche das elektrische Licht erstmals im Jahre 1942 brannte. Als sehr förderlich für den Wallfahrtsort erwies sich außerdem die Eröffnung des Omnibus-Verkehrs zwischen Eger und Altkinsberg im Jahre 1929.

Durch die vielen kirchlichen Feste, die unzähligen Wallfahrten, die immer wieder stattfindenden Volksmissionstage, welche stets mit einer feierlichen Lichterprozession in den Kreuzgängen ihren Höhepunkt fanden, durch die Veranstaltungen der zahlreichen Ortsvereine und durch die vielen hohen Ehrengäste, die zu den verschiedenen Festen kamen, wurde Altkinsberg-Loreto ein sehr bekannter und beliebter Ausflugs- und Wallfahrtsort, der sogar Engländer, Italiener und einen reichen Russen anzog.

Die Früchte ihres eigenen Wirkens, ihre eigenen Beiträge zum Erblühen der Wallfahrtsstätte ließen die Seelsorger in ihrer Bescheidenheit bei den Aufzeichnungen sichtlich etwas in den Hintergrund treten. Über die Persönlichkeit und das seelsorgliche Wirken des letzten deutschen Pfarrers Andreas Placht können ehemalige Pfarrkinder aber noch aus eigenem Erleben berichten:

Christlicher Verein mit Pfarrer Andreas Placht, Hermann Ebert, Franz Stingl, Anton Valentin Turri

Theatervorstellung der Marianischen Kongregation im November 1932 im Bergauer-Saal: „Die Mühle im heimlichen Grunde“

... Er versuchte, seine über acht Ortschaften verstreute Pfarrgemeinde seelsorglich zu erreichen, nicht nur im Religionsunterricht der Schulkinder, sondern auch in den auf Wintersonntage angesetzten Christenlehren, in denen er am Ort auch jene Erwachsenen ansprechen wollte, denen weite Wege zur Kirche unzumutbar waren. Er setzte Beichtgelegenheit mit Monatskommunion an für die verschiedenen Gruppen der Pfarrgemeinde. Männern und Frauen bot er im Dritten Orden des hl. Franziskus eine Bereicherung des Gebetslebens an. Als Präses der Marianischen Kongregation führte er Mädchen und Frauen zur religiösen Vertiefung durch Maria als Leitbild. Er nahm sich der Jugendlichen an, machte bisweilen mit ihnen Wanderungen und lernte Theaterstücke mit ihnen ein, wobei ihm u.a. Requisiten dienten, die aus der Zeit seines Medizin- und Theologiestudiums an der deutschen Universität in Prag stammten. Er war eben für alle seine Pfarrkinder da.

Das alles vermochte er nur, weil er voll und ganz seiner Priesterberufung lebte. Er verband in sich tiefe Frömmigkeit mit hoher Geistigkeit, Einfühlsamkeit, mit Klarheit und Lauterkeit in Wort und Tat. Dabei war er immer bescheiden. In einer Zeit von über einem Vierteljahrhundert hat er seine Pfarrei geformt, hat er die Menschen und das kirchliche Leben in Maria Loreto/Altkinsberg entscheidend geprägt. Nach der Vertreibung wirkte er in zwei Pfarreien der Oberpfalz. 1956 starb er in Waldsassen und wurde in der dortigen Priestergruft beigesetzt ...

Rückschläge – Enttäuschungen

Doch war der lange Weg, auf dem Maria Loreto erblühte, steinig. Immer wieder traten Ereignisse ein, die ein gedeihliches, segensreiches Wirken der Seelsorger in Loreto behinderten, auch Ereignisse, die Spannungen zwischen ihnen und den Pfarrkindern aufbauten.

Die erste Amtshandlung des ersten Lokalisten Christoph Ott, eine Taufe, hätte eigentlich ein Zeichen für ein langes, erfolgreiches Wirken dieses Seelsorgers in Kinsberg sein können. Das war sie aber wohl nicht. Denn Christoph Ott blieb nur zwei Jahre, bis 1789, in Kinsberg.

Sein Nachfolger, Johann Caspar Mühlvenzl, wurde in späteren Jahren durch ein Augenleiden, er wurde fast blind, in seiner Arbeit sehr behindert. Nach einer Star-Operation in Prag im Jahre 1818 konnte er zwar wieder auf einem Auge sehen, aber um so schwerer hörte er nun. Es mußten ihm immer wieder Aushilfskapläne zur Seite gestellt werden. Er verstarb 1835 und war der erste Seelsorger, der am hiesigen Gottesacker, nahe dem Tor der Kreuzkapelle, begraben wurde.

Der nächste Lokalist, Johann Poetzl, klagte einmal, bevor er im Jahre 1844 58jährig verstarb:

> ...daß er sehr viele Kränkungen und Unannehmlichkeiten von seinen Pfarrkindern hatte erfahren müssen ... und ... daß diese Aufwiegler die Ursache seines frühen Todes seien...

Pfarrer Wilhelm Schwenz schrieb noch nach seiner feierlichen Installation, die 1914 im Beisein aller Vereine und mit allen Ehren erfolgte:

> ... Kinsberg-Loreto hat bewiesen, daß es seine Pfarrer ehrt ...

Nur fünf Jahre später schrieb er, einer der eifrigsten Priester, die Kinsberg wohl je hatte, verbittert ins Gedenkbuch:

> ... in Altkinsberg gibt es Leute, die einen Pfarrer nicht ertragen. Ich verzeihe allen und gehe zurück in meine rheinische Heimat ...

Pfarrer Michael Mareth sah sich 1879 gezwungen, gegen den Patronatsherrn Joseph Wiendl und die zur Pfarre gehörenden Gemeinden einen dann 2 1/2 Jahre dauernden Rechtsstreit vor der k.k. Statthalterei in Eger zu führen, da für die Kirchen, insbesondere für die Wallfahrts- bzw. Heilig-Geist-Kirche, die schon seit jeher durch ihre offene Berglage Sturm und Regen besonders stark ausgesetzt war, hohe Reparaturkosten anfielen, die Streitgegner aber nicht zahlen wollten. In dem Rechtsstreit griffen die

Gegner Michael Mareth zum Teil sehr persönlich an. Die Gemeinden warfen dem Pfarrer vor, daß sie wegen des Vorhandenseins der Heilig-Geist-Kirche auf die Schloßkirche nicht angewiesen seien und es auch nicht notwendig wäre, daß der Pfarrer zeitweilig statt in der Heilig-Geist-Kirche den Gottesdienst in der Schloßkirche halte. Der Patron gab vor, daß es nicht seine Sache sein könne, zur Bequemlichkeit des Pfarrers zwei Kirchen zu unterhalten, von denen eine, die Schloßkirche, eigentlich sein Eigentum sei. Michael Mareth, dem wie seinen Vorgängern ein bereits 1797 verbrieftes Wohnrecht im Schloß zustand, warf dem Patron seinerseits vor, daß dieser sich die zur Pfarre gehörige Schloßkirche widerrechtlich aneignen wolle und ihm „durch absichtliche Änderung des Türschlüssels den einzigen Eingang durch das Schloßgebäude in die Sakristei indirekt verwehrt habe". Die k.k. Statthalterei entschied letztlich, daß bei Unzulänglichkeit des Kirchenvermögens der Patron die „Materialien und Professionistenkosten" und die eingepfarrten Gemeinden die „Hand- und Zugarbeiten" zu leisten hätten, allerdings nur für die Wallfahrtskirche, daß aber andererseits diese Kirche der Schloßkirche mehrere, noch nicht verjährte Darlehen zurückzuzahlen habe. Offensichtlich waren die Verhältnisse unverändert geblieben, seit Pfarrer Georg Pfannenstill 1868 voller Sorge ins Gedenkbuch schrieb:

> ...Möchte doch der liebe Gott diese verschuldete Kirche fortan in seinen besonderen Schutz nehmen, damit sie doch endlich von ihrer drückenden Schuldenlast befreit werden möge...

Die Leute feindeten, wie im Gedenkbuch vermerkt ist, die Kirche immer wieder an. Und sie hörten nur allzugern auf einen gewissen Georg Schönerer von der „Los-von-Rom-Bewegung". Als im Jahre 1903 diese Bewegung immer mehr um sich griff, wurde von der katholischen Kirche auch im Egerland der Bonifatiusverein eingeführt, der mit seiner Monatsschrift „St. Bonifatius" als Abwehrblatt dieser Bewegung entgegenwirken sollte. Und auf Anraten höherenorts verkündete daraufhin Pfarrer Karl Rosin seinen Kinsberger Pfarrkindern von der Kanzel nun folgendes:

> ...Ihr seid alle Mitglieder des Bonifatius-Vereins, nehmt das St. Bonifatius-Blatt gerne an und bringet ein kleines Almosen. Wer damit nicht einverstanden ist, der melde sich ab...

Was war die Folge? Armer Pfarrer! Kurz darauf geisterte ein Protestschreiben von Ort zu Ort und von Haus zu Haus, in dem sich fast alle Familien der Pfarrei mit Unterschrift gegen eine Mitgliedschaft ausdrücklich verwahrten. Enttäuscht kehrte Pfarrer Rosin Altkinsberg den Rücken.

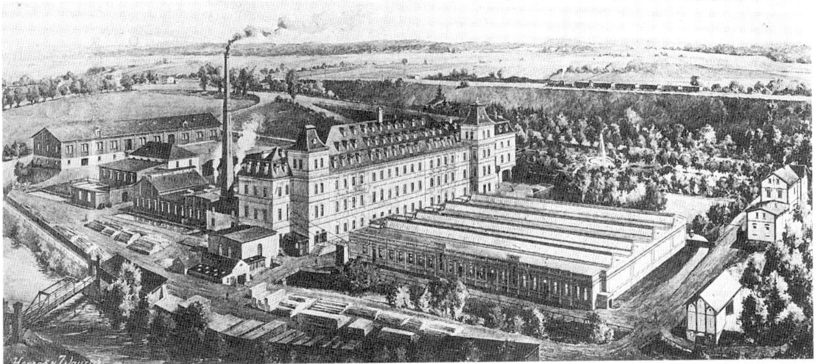

Vigogne-Spinnerei E. Schmidt & Co., Schloppenhof (jetzt Slapany), um 1900. Der Betrieb beschäftigte bis 1945 ca. 250 Arbeitnehmer, u.a. viele aus Altkinsberg. Heute steht nur noch das ehemalige Magazin (langgestr. Bau links hinten). Schloppenhof war früher auch Bahnstation für Altkinsberg.

Schloppenhof, Schule sowie Gasthaus u. Handlung A. Putz, um 1940

„Am Neia Haus" in Altkinsberg, HsNr. 115/116 (um 1958 gesprengt); HsNr. 116 bis zum Jahre 1938 Schule für Schloppenhof

Katastrophen – Heimsuchungen

Vor Katastrophen blieb Altkinsberg wahrlich nicht verschont. Immer wieder wurde es von Krankheiten, Seuchen, großen Dürren, schlimmen Unwettern oder Feuersbrünsten heimgesucht. 1789 brannten allein in einer Nacht 47 Anwesen nieder. Am 28. April 1929 brannten in der Tonwarenfabrik Anton Hart in Neukinsberg der Trockenraum und das Dach des Ringofens ab, während der Besitzer ahnungslos in der Pfarrkirche dem Gottesdienst beiwohnte. Und eines Nachts ließ in Kinsberg ein Erdbeben sogar die Möbel zittern.

28. April 1929 - Brand in der Tonwarenfabrik Anton Hart, Neukinsberg

Im Jahre 1846 stellte sich eine verheerende Kartoffelfäule ein, die nahezu 3/4 der Ernten dieses und des nächsten Jahres vernichtete. Die Bauern mußten ihre Taglöhner entlassen, und viele Fabriken stellten ihren Betrieb ein. Als Folge der Kartoffelfäule stiegen nicht nur die Kartoffel-, sondern auch die Getreidepreise. Und es kam zu Ausschreitungen gegen ausländische Getreidewucherer. Die Not unter den entlassenen Dienstboten und Fabrikarbeitern wurde unbeschreiblich. Diese konnten, so schrieb der Seelsorger Georg Pfannenstill, sich nicht einmal mehr das billigste Brot kaufen, mußten regelrecht den Bettelstab ergreifen, und viele Leute starben an Unterernährung. Und er setzte hinzu:

...Gott bewahre nach seiner unendlichen Güte und Milde uns und unsere Nachkommen vor einem ähnlichen Nothjahre!...

Dazu kam seinerzeit auch noch die unsichere politische Lage, die durch auf die böhmische Landeshauptstadt übergreifende revolutionäre Bewegungen Anfang des Jahres 1848 entstanden war. Da half auch die von Kaiser Ferdinand I. dem Königreich Böhmen verliehene Constitution nichts. Diese brachte den Leuten nicht die erhofften goldenen Berge, sondern, wie der Lokalist vermerkte, „wohl recht viel Papier". Da das Silbergeld und die Kupfermünzen aus Angst vor einem Staatsbankrott ins Ausland verbracht oder in Truhen fest verschlossen aufbewahrt wurden, rief der Mangel an Kleinmünzen eine wahre „Banknotenfabrikationsmanie" hervor. Fast alle Kaufleute, auch die Maschinenbesitzer im benachbarten Schloppenhof, wo viele Kinsberger Arbeit fanden, ließen ihre kleinen Banknoten in allen Farben, Formen und Wertabstufungen selbst herstellen.

Wie Georg Pfannenstill seinerzeit feststellte, artete die falsch verstandene Freiheit oft in Gesetzlosigkeit aus. Daß in seinem Pfarrbezirk trotzdem alles soweit in der früheren Ordnung blieb - außer den üblichen Wirtshausschlägereien und dem Jagdunfug, der dazu führte, daß es schon nicht mehr so viele Hasen gab als Jäger auf den Feldern umherliefen - war, wie er weiter schrieb, gewiß nicht das Verdienst der Gesetzeshüter, da

...die hiesige Polizei seit mehr als 20 Jahren wohl die schlechteste in ganz Böhmen genannt zu werden verdient...

Blattern, Masern und Scharlach suchten die Leute in Altkinsberg heim. 1859 brach auch die Ruhr aus. Und obwohl sehr viele Menschen daran starben, erklärte der Kreisphysikus aus Eger die Krankheit nicht zur Epidemie, um, wie er meinte, die Ängste in der Bevölkerung nicht noch mehr zu schüren; auf den Totenbeschauzetteln wurde daher meist eine andere Todesursache angegeben.

Und immer wieder verunglückten Menschen, fanden sie auf sehr tragische Weise den Tod. 1848 befanden sich unter ihnen auch zwei Frauen, eine davon hochschwanger. Sie wurden in einer Sandgrube von dem herabbrechenden, regennassen Erdreich klafterhoch verschüttet. Und der Chronist schrieb:

...man wußte nicht, wie man sie auf den Wagen bringen sollte, da jedes Glied, bei dem man sie anfaßte, abzureißen drohte. Und ich kann in Wahrheit sagen, daß ich traurigere Leichen noch nie zu Grabe begleitet habe.

Die beiden Weltkriege

Der 1. Weltkrieg beendete auch in Altkinsberg mit einem Schlag die vorher doch so heimische Idylle. Im Mittelpunkt jeglichen Geschehens stand nun der Krieg. Die Soldaten mußten an die Front. Schon bald kamen die Todesmeldungen und mit ihnen der Schock. Die ersten Altkinsberger Soldaten, Männer, die ein jeder vom Ort gut kannte, waren gefallen. Viele, viele Wallfahrer kamen nach Loreto gepilgert, im Jahre 1915 über 20.000. Große Prozessionen beteten den Kreuzweg ab. Kriegsandachten wurden gehalten. Die Menschen flehten alle um Sieg und Frieden und um eine glückliche Heimkehr ihrer Männer und Söhne. Sie gründeten Hilfskomitees und veranstalteten Geld- und Kleidersammlungen. Auch die Altkinsberger spendeten Geld, strickten Brustwärmer, Pulswärmer, Kniewärmer, Socken und Schneehauben für die Soldaten und gaben die 200 Jahre alte Glocke der Gnadenkapelle für die Metallsammlung des k.k. Kriegsministeriums her.

In das Kriegsjahr 1915 fiel auch die 250-Jahrfeier zu Ehren Maria Loretos. Anläßlich dieses Jubiläums wurde das Gnadenbild, das vor 250 Jahren aus Loreto in Italien nach Kinsberg gebracht worden war, im Beisein hoher Würdenträger und vieler Gläubigen feierlich mit einem von den Patronen Dr. Karl Maria und Isabella Herrmann gestifteten goldenen Sternenkranz gekrönt. Pfarrer Wilhelm Schwenz veröffentlichte das vielbeachtete Jubiläums-Wallfahrts-Büchlein „Unsere Liebe Frau Maria Loreto im Egerlande". Und 1917 konnte in Altkinsberg die 700-Jahrfeier anläßlich des Märtyrertodes Hroznatas begangen werden.

Ging es der Bevölkerung auch in den ersten Kriegsjahren wirtschaftlich noch einigermaßen gut, weil Menschen und Maschinen voll für den Krieg arbeiteten, stellte sich doch bald sehr große Not ein. Die Lebensmittel wurden knapp. So mußten auch die Wallfahrer ihre Verpflegung von zu Hause mitnehmen. Und doch konnten, wie der Pfarrer schrieb, in den Gasthäusern wenigstens warme und kalte Getränke verabreicht werden. Als 1917 der Altkinsberger Pfarrer anläßlich der Aktion „Kind zu Gast" 45 erholungsbedürftige Kinder aus dem Erzgebirge in die Pfarrgemeinde holte, rottete sich eine Menge empörter Frauen zusammen. Die fremden Kinder bekämen das Doppelte zu essen und ihre Kinder müßten verhungern, schrien sie den Pfarrer an.

Als der 1. Weltkrieg 1918 verloren und die Tschechoslowakische Republik ausgerufen waren, versuchten die Tschechen das Deutschtum auch in Altkinsberg immer weiter zurückzudrängen. So richteten sie hier - wie in anderen deutschen Orten auch - im Jahre 1925 eine tschechische Minderheitenschule ein, die, da hier nur wenige Tschechen wohnten, fast nur mit deutschen Kindern besetzt wurde, auch wenn diese dem durchwegs in tschechischer Sprache gehaltenen Unterricht nicht folgen konnten. Deutsche, die ihre Arbeitsstellen, z.B. bei der Bahn, bei der Post, behalten wollten - die Arbeitslosigkeit in den deutschen Randgebieten war groß - mußten ihre Kinder in diese tschechische Schule schicken. Und 1930 verlangten die Tschechen sogar, daß einer der Stillstände im Kreuzgang, das Bild „Maria segnet die Stände“, entfernt werde, weil auf ihm u.a. der bereits verstorbene Kaiser Franz Josef I. mit zu sehen war. Pfarrer Andreas Placht ließ den Kaiser kurzerhand übermalen und hing das Bild wieder an seinen Platz. Was aber wirklich schwer wog, Enttäuschung und Verzweiflung unter den Sudetendeutschen hervorrief, war die Tatsache, daß Anstellungs- und Beförderungsmöglichkeiten in erster Linie den Tschechen zugänglich gemacht wurden.

Immer wieder gab es Mißernten und harte Winter, unter denen auch die Altkinsberger zu leiden hatten. Anfang der zwanziger Jahre vermerkte Pfarrer Andreas Placht eine erhebliche Teuerung. 1933 beklagte er Kurzarbeit, Stillstand von Maschinen sowie vermehrte Arbeitslosigkeit und fragte: „Gibt es überhaupt noch einen Ausweg aus dieser Weltwirtschaftskrise?“ Und doch führte die Altkinsberger Pfarrgemeinde alljährlich unter der Leitung ihres Pfarrers eine Winterhilfsaktion für das noch mehr notleidende Erzgebirge durch und spendete Geld, Kartoffeln und Getreide. 1935/36 konnten die Erlachfabrik, die Fabrik in Schloppenhof und die Tonwarenfabrik Hart in Neukinsberg ihre Produktion wieder voll aufnehmen, so daß sich für viele Arbeitnehmer im Pfarrbezirk die wirtschaftliche Lage spürbar besserte.

Durch den Anschluß Österreichs an das Deutsche Reich im März 1938 wurden in Deutschland erstmals wieder Grenzen verschoben. Damit stand auch das Selbstbestimmungsrecht der Sudetendeutschen wieder auf der Tagesordnung. Auch die Slowaken und die übrigen Minderheiten meldeten ihre Forderungen an. Und die politische Lage spitzte sich immer mehr zu. Aus Angst vor einem deutschen Einmarsch errichteten die Tschechen im Grenzgebiet Sperren, ordneten sie die Verdunkelung an und verkündeten sie schließlich das Standrecht. Um im Ernstfall nicht gezwungen zu sein, auf Deutsche schießen zu müssen, entzogen sich die im Grenzgebiet wohnenden deutschen Männer, auch die von Altkinsberg, der anstehenden tschechischen Mobilisierung durch Flucht über die Grenze.

Anfang Oktober 1938, nach dem Münchner Abkommen, wurde das Sudetenland an Deutschland angeschlossen. Pfarrer Andreas Placht schrieb:

> ...Ein historisches Ereignis, daß das Egerland, das vor fast 700 Jahren an Böhmen verpfändet war, wieder an das Deutsche Reich zurückkam...

Und schlagartig verbesserte sich die wirtschaftliche Situation der Sudetendeutschen. Sie bekamen wieder Arbeit und ihre Not hatte ein Ende.

Im März 1939 besetzten die deutschen Truppen auch die Rest-Tschechoslowakei. Und bereits am 1. September 1939 stand Deutschland wieder im Krieg, im 2. Weltkrieg. Er brachte auch den Kinsbergern Lebensmittel- und Kleiderkarten, Mutterkreuze und Eiserne Kreuze, Zensuren, Verdunkelung und Fliegeralarm und, wie im ersten Weltkrieg – viel Leid. Am 7. Juli 1940 wurde in der Pfarrkirche ein Heiliges Amt für den 1. Gefallenen Altkinsbergs abgehalten, und noch allzu viele sollten ihm folgen. Kriegsgefangene aus Polen, Belgien und Frankreich arbeiteten in den Fabriken und wurden zu Feld- und Gleisbauarbeiten herangezogen. Pfarrer Andreas Placht bekam die Erlaubnis, für diese Kriegsgefangenen monatlich zwei Messen zu lesen. Bombengeschädigte aus dem Reich und Flüchtlinge aus Oberschlesien kamen nach Altkinsberg. Und schwebte im August 1939 noch das Luftschiff „Graf Zeppelin" friedlich über die Cedronwiese, stürzten in den letzten Kriegsjahren über Altkinsberger Gebiet drei Flugzeuge brennend ab, von denen eines, eine viermotorige deutsche Maschine, am 23. Januar 1943 die Ölberg-Station zerstörte und ein anderes, ein deutsches Turbinenflugzeug, am 15. April 1945 auf einem Acker beim Neuen Haus zerschellte. Von Bombenangriffen blieb Altkinsberg verschont. Der Ort wurde jedoch noch am 1. Mai 1945 von amerikanischen Panzern beschossen, da SS-Truppen sich zunächst weigerten, ihn kampflos aufzugeben, und deutsche Panzer in Stellung brachten. Die SS-Truppen zwangen die Bevölkerung Altkinsbergs auch noch, die von ihr bereits gehißten weißen Fahnen wieder einzuziehen, zogen sich dann aber doch zurück.

Das Ende

Als im Mai 1945 auch dieser Krieg verloren war, besetzten zunächst die Amerikaner Altkinsberg. Wie Pfarrer Andreas Placht schrieb, war der 1. Umgang in diesem Jahr ganz bedeutungslos. Es kamen keine Wallfahrer, dafür aber endlose Kolonnen amerikanischer Soldaten. Diese zogen sich aber schon bald nach Bayern zurück. Und damit begann für die Altkinsberger wie auch für die anderen Sudetendeutschen eine neue Leidenszeit: Die Tschechen kamen. Sie besetzten die Fabriken, Bauernhöfe und Läden. Die Deutschen, mit einer Armbinde als solche gekennzeichnet, mußten gehen. Sie hatten jedes Recht verloren.

In dieser schweren Situation betete Pfarrer Andreas Placht im Juli 1945 mit seinen Pfarrkindern, darunter den vom Krieg Heimgekehrten, den Großen Kreuzweg ab – zum letztenmal. Er führte die lange Prozession zu der in opfervoller Arbeit erst renovierten Gnadenstätte. Gemeinsam flehten alle um Kraft in der ausweglosen Bedrängnis und Not.

Sie brauchten die Hilfe; denn es wurde wahr, was keiner von den Deutschen je zu glauben imstande gewesen wäre. Sie sollten ihre Heimat für immer verlassen, ihre Häuser, die sie vielfach mit eigener Hand unter großen persönlichen Opfern erbaut hatten, die Wallfahrtsstätte Maria Loreto mit dem Großen Kreuzweg, die von ihren Vorfahren vor Jahrhunderten errichtet worden war, und mit dem Friedhof, auf dem ihre verstorbenen Angehörigen begraben lagen. Die Menschen waren verzweifelt. Konnte Gott, konnte die Welt das zulassen?

Und sie ließen es zu. Am 29. April 1946 mußten mit dem 1. Transport 150 der etwa 1700 Einwohner der Pfarrgemeinde ihr Heimatdorf verlassen. Sie durften pro Person nur 50 kg Gepäck, 1 Federbett und Küchengeschirr mitnehmen und wurden bis zur endgültigen Aussiedlung in die westlichen Besatzungszonen Deutschlands in das Sammellager in Eger gebracht. Ein Transport folgte dem anderen, und Familien, Freunde und Bekannte wurden auseinandergerissen. Als einige der Transporte auch in die russischbesetzte Zone gehen sollten, flüchteten viele Altkinsberger nach Bayern, insbesondere jene, die inzwischen schon einen Teil ihrer Habe unter großen Gefahren über die Grenze in den Westen hatten schaffen können.

Während der jahrzehntelangen kommunistischen Herrschaft und Mißwirtschaft ließen die Tschechen den im militärischen Sperrgürtel gelegenen Grenzort Altkinsberg/Hroznatov verkommen. Sie rissen viele der Häuser ab, verwüsteten die Wallfahrtsstätte, beschmierten deren Wände mit obszönen Darstellungen und benutzten die Heiligenfiguren als Zielscheiben. Die Haube des Glockenturms brannte aus. Später wurden auf dem Friedhof auch noch die Gräber plattgewalzt. Und für den weiteren Verfall der Wallfahrtsstätte sorgten Regen, Schnee und Sturm. Am Ende bestand die Anlage nur noch aus von dichtem Gebüsch und mannshohem Unkraut umsäumten Ruinen. Lediglich das im Jahre 1665 aus Loreto in Italien gebrachte Gnadenbild blieb erhalten, weil dieses rechtzeitig an einen sicheren Ort geschafft worden war.

Kreuzgang

Der Neubeginn

Nunmehr kann das Gedenkbuch von Loreto wieder fortgeschrieben werden. Es haben sich viele Menschen gefunden, Menschen von diesseits und jenseits der Grenze, Deutsche und Tschechen, die aufeinander zugegangen sind, sich die Hände gereicht haben und unter großer persönlicher und finanzieller Opferbereitschaft die Gnadenstätte wieder aufbauen, Menschen wie Ing. Anton Hart, Waldsassen, früher Neukinsberg, und Oberbürgermeister Otakar Mika, Eger.

So wie im Jahre 1671 die erste Prozession schon während des Aufbaus der Gnadenstätte stattfand, wurden auch in der Zwischenzeit bereits zahlreiche Prozessionen durchgeführt. Und wie seinerzeit beschlossen gläubige Menschen wieder, in Maria Loreto Glocken läuten zu lassen. Und sie hingen drei Glocken auf, die Ave-Glocke, die Gloria-Glocke und die Sanctus-Glocke, geweiht von Bischof František Radkovský aus Pilsen. Am 2. Oktober 1994, nach einem halben Jahrhundert, jubilierten zum erstenmal in Maria Loreto wieder Glocken. Und die Menschen weinten vor Ergriffenheit und Freude.

Und die Glocken werden wie in früheren Zeiten fortan vom Hügel Maria Loretos herab in die Täler und Dörfer klingen und die Gläubigen von nah und fern zum Gebet rufen. Es werden in Maria Loreto Menschen beten, die 40 Jahre Kommunismus vergessen wollen, und Menschen, die ihre alte Heimat wiedersehen können, die am Friedhof in aller Stille nach den Gräbern ihrer verstorbenen Angehörigen suchen in dem Wissen, sie niemals mehr zu finden und doch ihnen nahe zu sein.

Maria Loreto soll Mahnmal sein. Aus den Trümmern wiedergeboren, soll es helfen, Haß und Schmerz zu lindern und Wunden zu heilen.

Und wenn ich wieder nach Maria Loreto komme und die sanftgeschwungene, dichtbelaubte Allee mit ihren meist weit über hundert Jahre alten Bäumen von Altkinsberg/Hroznatov zur Gnadenstätte hinaufgehe, werde ich den gleichen Weg nehmen wie die, denen ich nur für ein paar Augenblicke in diesem Gedenkbuch begegnen durfte. Ich werde mich stets an ihren Kampf erinnern, diese Wallfahrtsstätte zu errichten, zu erhalten und mit Leben zu erfüllen. Und sie werden mir alle nahe sein.

Einladung

Rette Deine Seele!

zur

heiligen Mission

in der Pfarrkirche zu Altkinsberg Maria-Loretto
vom 30. Oktober bis 7. November 1937.

Abgehalten von den Herz-Jesu-Missionären in Eger:

Hochw. Pater Superior Franz Pawlitschko und Pater Ludwig Mark.

Samstag, 30. Oktober.
2 Uhr nachmittags Kinderlehre und Kinderbeichte.

Sonntag, 31. Oktober.
7 Uhr hl. Messe.
1/2 8 Uhr hl. Messe mit Kinderkommunion und Ansprache.
1/2 10 Uhr feierliche Einleitung der Mission: Veni Creator, Begrüßung der Missionäre durch den Pfarrer und Übergabe der Stola an den Missionsleiter, Einleitungspredigt und anschließend hl. Messe.
2 Uhr nachm. Christ-König-Jugendfeier, Predigt, Kindersegnung und Weihe der Jugend an das Herz Jesu, hl. Segen.
1/2 8 Uhr abends allgemeine Missionspredigt. Am Schlusse jeder Abendpredigt: Läuten der Bußglocke für die Dauer von 5 Vaterunser, während in der Kirche lautlose Stille herrscht. Hernach kurzes Abendgebet. Etwa 20 Minuten vor jeder Abendpredigt Rosenkranz.

Montag, 1. November, Allerheiligen.
7 Uhr hl. Messe.
1/2 8 Uhr hl. Messe mit kurzer Predigt.
1/2 10 Uhr allgemeine Missionspredigt und Hochamt.
2 Uhr nachm. Standeslehre für die Frauen und Mütter, anschließend hl. Beichte derselben.
1/2 8 Uhr abends allgemeine Missionspredigt.

Dienstag, 2. November, Allerseelen.
Ab 6 Uhr hl. Messen.
Ab 7 Uhr hl. Messe mit Generalkommunion der Frauen und Mütter.
1/2 9 Uhr allgemeine Missionspredigt, Requiem für die Verstorbenen und Friedhofgang.
1/2 3 Uhr allgemeine Missionspredigt.
7 Uhr abends Standeslehre für Jungfrauen und Beichte derselben.

Mittwoch, 3. November.
1/2 7 Uhr hl. Messe.
7 Uhr hl. Messe und Generalkommunion der Jungfrauen mit Ansprache, anschließend noch hl. Messe.

Anmerkung. Standesbeichten möglichst genau einhalten. Beichtgelegenheit ist morgens immer und wird bei jeder Abendpredigt angegeben.

Benützet eifrig die Tage des Heiles! Besuchet fleißig die Predigten!
Jeder sei in der Missionszeit ein Apostel!

Der Pfarrausschuß mit dem Seelsorger:
Andreas Placht, Pfarrer.

„Egerland", Eger.

Ich hätte die Seelsorger gerne alle persönlich kennengelernt, in ihrem steten Eifer, ihre Pfarrkinder zu führen und im Glauben an Gott zu festigen und zu stärken, **Christoph Ott, Johann Caspar Mühlvenzl, Bernard Jirschele, Karl Rosin, Georg Waldmann,** vor allem

Johann Poetzl, der 1835 „in Compagnie" mit dem Amtsverwalter und dem Brauhauspächter bei der Prager k.k. Lotterie mit dem Los Nr.48 zu 30 Kreuzern ein Marienbild im Wert von 30 Gulden gewann, das dann auf dem Seitenaltar der Wallfahrtskirche aufgestellt wurde,

Georg Pfannenstill, den ersten Pfarrer von Altkinsberg, der auf so herzerfrischende und ehrliche Weise Einblick in sein erfolgreiches Wirken und die damalige Zeit nehmen ließ, der seine Pfarrkinder zu immer mehr Spenden „aufstachelte", wie er es nannte, und der sich so sehr um die hochverschuldete, von Regen und Sturm allzuoft gebeutelte Pfarrkirche sorgte, seinen Wunschnachfolger

Michael Mareth, den ich immer mit Maurerkelle und Malerpinsel vor mir sehe, mit denen er fachmännisch schadhaftes Mauerwerk ausbesserte, Kirchenwände strich und Heiligenfiguren staffierte, der sicher am Sonntag die heilige Messe mit Schwielen an den Händen zelebrierte, der sich aber auch als geschickter Kaufmann erwies, indem er Forderungen der Kirche dadurch rettete, daß er die Mahlmühle in Altkinsberg, die mit diesen Forderungen belastet war, ersteigerte und wieder mit Gewinn verkaufte,

Wilhelm Schwenz, der u.a. das Jubiläums-Wallfahrts-Büchlein herausgab, mit seinen Pfarrkindern und vielen Ehrengästen 1915 die 250Jahrfeier von Maria Loretò und 1917 die 700Jahrfeier des Märtyrertodes Hroznatas begehen konnte, der seine Pfarrkinder mit Kriegsandachten und Kriegswallfahrten durch die schweren Jahre des 1. Weltkriegs begleitete und dann doch tief enttäuscht in seine rheinische Heimat zurückkehrte,

Rudolf Löw aus Altalbenreuth, der am 22.7.1917 in Loreto seine Primiz feierte, mit 28 Jahren einem Magenleiden erlag und, wie die Seelsorger Johann Caspar Mühlvenzl, Johann Poetzl und Georg Pfannenstill, auf dem Altkinsberger Friedhof begraben wurde, ein Priester, der vor Antritt seiner auswärtigen Kaplanstelle ins Gedenkbuch Abschiedsworte schrieb, als hätte er sie auch für uns, die aus der Heimat Vertriebenen, geschrieben:

> ...Nun leb wohl, du trauter Ort, du gesegnete Stätte Maria Loreto. Nie werde ich deiner vergessen...

Prof. Dr. Hermann Ebert, eine der herausragendsten Persönlichkeiten Altkinsbergs

Pfarrer Andreas Placht, Vikar des Egerer Vikariats

Prof. Dr. Hermann Ebert, eine der herausragendsten Persönlichkeiten Altkinsbergs, der hier geboren und 1938 in Prag zum Priester geweiht wurde, der hier in seinem Heimatort Altkinsberg seine Primiz feierte, in Prag zum Doktor der Theologie promovierte, nach der Entlassung aus russischer Kriegsgefangenschaft in den Kohlengruben bei Kladno arbeiten mußte, nach der Vertreibung in Darmstadt und München, insbesondere bei der Ackermann-Gemeinde wirkte, bedeutende theologisch-philosophische Schriften verfaßte und im Jahre 1972 58jährig verstarb.

Einen Priester, den ich noch sehr gut kannte, werde ich wohl immer in lieber Erinnerung behalten: **Pfarrer Andreas Placht,** von dem ich getauft wurde, vor dem ich bei meiner ersten Beichte mit zitternden Knien und dem „Sündenzettel" in den Händen im Beichtstuhl kniete und von dem ich am Weißen Sonntag des schicksalhaften Jahres 1945 - bereits mit 8 Jahren - stolz die erste heilige Kommunion empfing. Andreas Placht, der 27 Jahre in Altkinsberg-Loreto so überaus segensreich wirkte, der sein elterliches Erbe verkaufte, um mit dem Erlös die Wallfahrtsstätte renovieren zu lassen, jungen Menschen, wie den Altkinsbergern Franz Heinl und Hermann Ebert, das Priesterstudium zu ermöglichen und Bedürftige zu unterstützen. Andreas Placht, der im Kriegsjahr 1940 sein 25jähriges Priesterjubiläum feiern konnte und der in den schlimmsten Zeiten des 2. Weltkriegs und der Vertreibung stets der ruhende Pol für uns, seine Pfarrkinder war.

Und ich werde auch an die frommedle Maria Francisca von Heisenstein, geborene Gräfin von Zwrtby, verwitwete Wrgczowetziana denken. Sie verzeihe mir - ich glaube, ich habe schon wieder ein paar Konsonanten ihres Namens verloren, obwohl ganz bestimmt und auf Ehre und Gewissen heute noch kein Gläschen Wein mir die Sinne vernebelt hat.*

Elfriede Bidmon

Rednitzhembach, im April 1995

* Nach der Pfarrchronik war die Gräfin von Heisenstein eine geborene „von Zwrtby", nach Petr Beran (Píseň o Loretě) aber eine geborene „von Vrtby" (tschechisch = „z Vrtby")

EINZUG DES GEWEIHTEN GNADENBILDES

IN DAS HEILIGE HAUS

am 2. Oktober 1994

Maria Loreto

Geweihte Mauern – Gotteshaus!
Deine Kinder hören die Glocken wieder,
singen zum Dank heut frohe Lieder.
Die Glocken, verstummt vor langer Zeit,
erinnern wieder an die Ewigkeit,
erklingen zu Gottes Ruhm und Ehr'
und rufen alle zum Kommen her.

Geweihte Erde – Gottesacker!
Deine Toten hören die Glocken wieder.
Wir legen für sie Blumen nieder,
die vor uns gegangen vor langer Zeit,
im Glauben an ein Leben in Ewigkeit,
im Glauben an ein Auferstehen,
in der Hoffnung auf ein Wiedersehen.

Geweihtes Haus – Unserer Lieben Frau!
Maria, du hast deine Heimstatt wieder.
Hier legen wir dir unsere Herzen nieder.
Kerzen sollen brennen vor deinem Bild,
auf dem du lächelst gütig und mild.
Maria Loreto, wir rufen zu dir.
Muttergottes, zu dir beten wir.

Geweihte Stätte – Loretohaus!
Niemand soll mehr um dich weinen.
Du sollst bestehen, sollst vereinen
die Menschen alle von hüben und drüben,
daß sie Freundschaft über Grenzen hin üben.
Sollst stets mahnen im Glockengebet.
Sollst erinnern: Maria Loreto lebt!

Elfriede Bidmon

Herbst-Impression - Schloß mit Schloßkirche

Die Gemeinde Altkinsberg

Allgemeines

Altkinsberg liegt 7 km südlich von Eger, 490 m hoch und zu beiden Seiten des Muglbaches, das „untere Dorf“ von den letzten hügelartigen Ausläufern des Böhmerwaldes fast schluchtartig eingebettet. Es wird beherrscht von dem auf der östlichen Anhöhe stehenden mächtigen Schloß mit der Schloßkirche und dem markanten, weithin sichtbaren hohen, schwarzen, runden Turm sowie von der noch höher gelegenen, auf dem Kirchberg erbauten Wallfahrtsstätte mit der Heilig-Geist-Kirche und der Gnadenkapelle.

Das von den Tschechen jetzt Hroznatov, von den Deutschen früher im Volksmund nach der Wallfahrtsstätte Maria Loreto auch „Loretto“ genannte Dorf Altkinsberg wurde 1852 mit dem östlich gelegenen, 1774 entstandenen Dorf Neukinsberg zur Gemeinde Altkinsberg vereinigt, wobei die beiden Orte aber ihre Namen weiterbehielten. Dementsprechend enthalten auch Unterlagen aus der Zeit nach dem 2. Weltkrieg noch die tschechischen Namen „Starý Kynšperk“ und „Nový Kynšperk“. Die nunmehrige tschechische Bezeichnung „Hroznatov“ ist auf den 1897 seliggesprochenen Märtyrer Hroznata zurückzuführen, der 1217 als Gefangener der Kinsberger Ritter in einem inzwischen abgetragenen, ehemals an der Westseite des Schlosses stehenden viereckigen Turm verhungern mußte.

1945 zählte Altkinsberg 147 und Neukinsberg 34 Hausnummern. Beide Orte zusammen umfaßten eine Fläche von 773 ha 78 ar und hatten (Stand 1943) 1208 Einwohner. Von den Einwohnern waren im Jahre 1939 1175 katholisch und nur 20 evanglisch, obwohl Kinsberg der erste Ort im Egerland war, der sich (1555) zum lutherischen Glauben bekannt hatte. Tschechischer Nationalität waren in der Gemeinde im Jahre 1910 noch keine, 1921 erst 2 und im Jahre 1930 nur 26 Personen.

Gemeindevorsteher von Altkinsberg waren Thomas Zuber (ab 1852), Georg Frank (ab 1858), Johann Hart (ab 1870), Franz Blank (ab 1873), Josef Götz (ab 1879), Lorenz Scherbaum (ab 1883), Michl Helm (ab 1885), Anton Blank (ab 1888), Georg Bartl (ab 1897), Anton Blank (ab 1900), Johann Frank (ab 1909), Ludwig Rötz (ab 1931), Hubert Schindler (1938 – 17.05.1945), Karl Scheltner (29.05.1945 18.07.1945).

Schloßgut

Die Geschichte Altkinsbergs, das bis zur Entstehung Neukinsbergs nur „Kinsberg“ hieß, ist eng mit der Geschichte des Kinsberger Schloßgutes verknüpft. Dieses war ursprünglich ein zur Reichsburg Eger gehöriges

Reichslehen und später Allodialgut, also freies Eigentum mit den Rechten eines Rittergutes. Bis zur Aufhebung des Untertanenverbandes waren Alt- und Neukinsberg dem Gut Kinsberg untertan. Mit der Grundentlastung 1852 wurden alle „Roboten, Zinsen, Naturgiebigkeiten und sonstigen Rechte" aufgehoben.

Urkundlich ist Kinsberg seit 1217 bekannt. Damals befand es sich als Reichslehen im Besitze Heinrichs von Kinsberg, der dem Dorf auch den Namen gab. Dessen Sohn Heinrich starb 1260 als der letzte männliche Nachkomme seines Geschlechtes*. Damit fiel die Burg heim, wurde an die Vögte Heinrich von Weida und Heinrich von Plauen verpfändet, 1261 aber wieder frei. In der Folge blieb die Feste in der Hand des jeweiligen Landesherrn. 1322 fiel sie dem Böhmenkönig Johann als Pfand zu, nachdem ihm der spätere Kaiser Ludwig der Bayer 20.000 Mark Silber oder als Pfand das Egerland und damit auch Kinsberg für den Fall versprochen hatte, daß mit dessen Hilfe seine Wahl zum deutschen König gesichert werde. 1352 gab sie Kaiser Karl IV., ein Sohn des Böhmenkönigs Johann, dem Trost Winkler zu Falkenau als Lehen. Ab 1361 stand die Burg unter der Verwaltung des Landrichters und Richters zu Eger. Von 1373 ab wird Bohuslav von Hertenberg erwähnt. 1396 gab der böhmische König Wenzel das Gut Kinsberg dem Heinz Pflug zu Lehen. Dessen Witwe Amalie verkaufte es 1401 der Stadt Eger, von der es ein Jahr später Albert und Lorenz Frankengrüner käuflich erwarben. Deren Geschlecht blieb bis zum Jahre 1506 im Besitze von Kinsberg. Dann ging das Gut durch Verkauf an Christof von Thein über. Von einem seiner Nachkommen erwarb es 1606 Hans Tanner, der es aber schon 1608 an den Ritter Wolf Christof Elbogner verkaufte. Da 1648 die Schweden die Burg zerstörten und niederbrannten, wobei nur die Türme widerstanden, sank sein Wert derart, daß die Jesuiten 1658 das Gut billig erwerben konnten. Diese bauten das Schloß und die Schloßkirche wieder auf und errichteten die Wallfahrtsstätte auf dem Kinsberg (Kirchberg) sowie den Großen Kreuzweg von Kinsberg. Nach Aufhebung des Jesuitenordens 1773 fiel das Gut an den k. k. Studienfonds. 1824 erstand es der Gutsbesitzer Johann Nonner in öffentlicher Feilbietung. Dessen Sohn, Dr. Karl Nonner, verkaufte es 1872 an Joseph Wiendl. Von diesem ging es 1883 durch Verkauf an Joseph und Adele Halbmayr, von diesen wiederum 1887 an Alfons Wagner Edler von Wallernstädt über. Letzterer verkaufte das Gut 1888 an Anna Zunterer. 1897 übernahmen es deren Schwiegersohn Dr. Karl Maria Herrmann und dessen Frau Isabella, die 1931 bzw. 1933 star-

* Pfarrer Mareth vermerkte 1877, daß ein Graf Kinsberg mit Gemahlin Loretto besucht und ihm versichert habe, daß er ein Abkömmling der früheren Herren Kinsberg sei, die dem Gut und dem Ort den Namen gegeben hätten, und daß er noch das Schwert des seligen Hroznata sowie sein gräflicher Bruder eine Chronik von Kinsberg besitze.

ben. Deren Töchter, Dr. Isabella Geyer und Ersilie Hecht, waren die letzten deutschen Besitzerinnen des Schloßgutes vor der Vertreibung; für sie verwaltete das Gut bis Kriegsende Gutsförster Wilhelm Reinl.

Patronatsrecht

Bis zur Aufhebung ihres Ordens im Jahre 1773 übten die Jesuiten die Seelsorge für Kinsberg und zugleich das Patronatsrecht über die beiden Kinsberger Kirchen, die Schloß- oder Dreifaltigkeitskirche und die Pfarr- oder Heilig-Geist-Kirche, sowie über die Loreto-Kapelle aus. Dann gingen Seelsorge und Patronatsrecht auf die Egerer Stadtpfarrkirche St. Niklas über. 1836 trat der Egerer Dechant Friedrich Eifler das Patronatsrecht an den Kinsberger Gutsbesitzer mit der Maßgabe ab, daß der jeweils folgende Eigentümer des Gutes mit dessen Erwerb gleichzeitig Inhaber des Patronatsrechts wurde. Aufgrund des Patronatsrechts konnte der Gutsbesitzer mitentscheiden u. a. bei der Besetzung der Pfarrstelle, bei Kirchen- und Pfarrbaulichkeiten und bei der Verwaltung des Kirchenvermögens. Als Patron war er aber auch verpflichtet, für die „Materialien und Professionistenkosten" bei Bauarbeiten an der Pfarrkirche aufzukommen, wenn das Vermögen dieser Kirche nicht ausreichte.

Schulwesen

Schulunterricht gab es in Kinsberg schon 1577 (sog. niedere Schule). Die Jesuiten erbauten jedoch 1668 westlich der Loreto-Kapelle das erste Schulhaus, ein Holzhaus, für eine Klasse. Der Gutsbesitzer Johann Nonner ließ dieses im Jahre 1833 niederreißen und durch ein neues Gebäude für eine zweiklassige Schule ersetzen. Wegen der wachsenden Schülerzahl wurde im Jahre 1874 noch eine dritte und 1932 schließlich noch eine vierte Schulklasse eingerichtet. Zum Ende des 2. Weltkrieges hörte der deutsche Unterricht an dieser Schule auf. Das Schulgebäude wurde 1952 von den Tschechen abgerissen.

Als Oberlehrer (OL), Lehrer (L) oder Handarbeitslehrerinnen (Ha) wirkten an der Altkinsberger Schule u. a.: Rudolph Krehan (OL; 1835 - 1877), Johann Frank (OL; 1874 - 1916), Johann Oschowitzer (OL; 1917 - 1935), Theresia Güntner (Lin; 1915 - 1919), Klinger (Lin; 1919), Ernst Bergauer (L; 1919), Richard Schneider (L), Liesl Zuber (Lin; 1920), Josef Blank (OL; 1935 - 1937), Donnert (OL; 1937), Fasold (L; 1937 - 1938), Forster (OL; 1938 - 1940), Rudolf Gimpl (OL; 1940 - 1944), Ernst Kraus (L; u. a. ab 1940), Marie Hochmuth (Lin; bis 1945), Jentschura (OL; 1944 - 1945); weitere Lehrkräfte: Nachtmann (Lin), Marie Kastalio (Lin), Schmittschenk (Ha), Waller (Ha), Runge (Ha), Kühnl (Ha), Magdalena Frank (Ha), Erna Bergauer (Kindergärtnerin). Margarete Bergauer aus Altkinsberg war Fachlehrerin für Handarbeit in Eger.

Vertreibung

Am 18. 07. 1945, rd. 2 Monate nach dem Ende des 2. Weltkriegs, ersetzte ein tschechischer Kommissar die am 17. 05. 1945 aus Sozialdemokraten und Kommunisten gebildete, selbsternannte deutsche Gemeindevertretung von Altkinsberg. Dann begannen die Tschechen, das „Problem der Deutschen in Böhmen" auf ihre Weise zu „lösen": Die Deutschen wurden vertrieben. Wie Pfarrer Placht ins Gedenkbuch schrieb, ging der 1. Transport mit etwa 150 Pfarrkindern am 29. 04. 1946 in die Gegend von Rosenheim, der 2. am 06. 05. in den Kreis Münchberg, der 3. am Pfingstsonntag nach Hessen, der 4. am 15. 08., der 5. am 17. 08. in die russischbesetzte Zone und der 6. am 19. 08. Am 22.08. folgte ein Krankentransport und am 24. 08. ein Transport mit Antifaschisten. Der 10. Transport ging am 09. 09. 1946 nach Bayern. Mit der Vertreibung der Deutschen war Altkinsberg, das im 18. Jahrhundert von den Habsburgern aufgrund der erwähnten Verpfändung nach und nach mit dem Egerland in das Königreich Böhmen eingegliedert worden war, seiner seit jeher deutschen Bevölkerung und deutschen Kultur entblößt.

Die Pfarrgemeinde Mitterteich war die erste, die nach der Wende wieder nach Maria Loreto wallfahrtete.

1. Kreuzwegstation „Urlaubing", Jesus nimmt Abschied von seiner Mutter, nun zerstört und unter den Fluten des Wondrebstausees begraben. Im Hintergrund Pograth, wie es einmal war

Nur für kurze Zeit, wegen Reparaturarbeiten am Staudamm, gab die Flut des Wondrebstausees das Fundament dieser zerstörten Kapelle noch einmal frei (1996/97) Foto: Jiři Rak

Der Große Kreuzweg

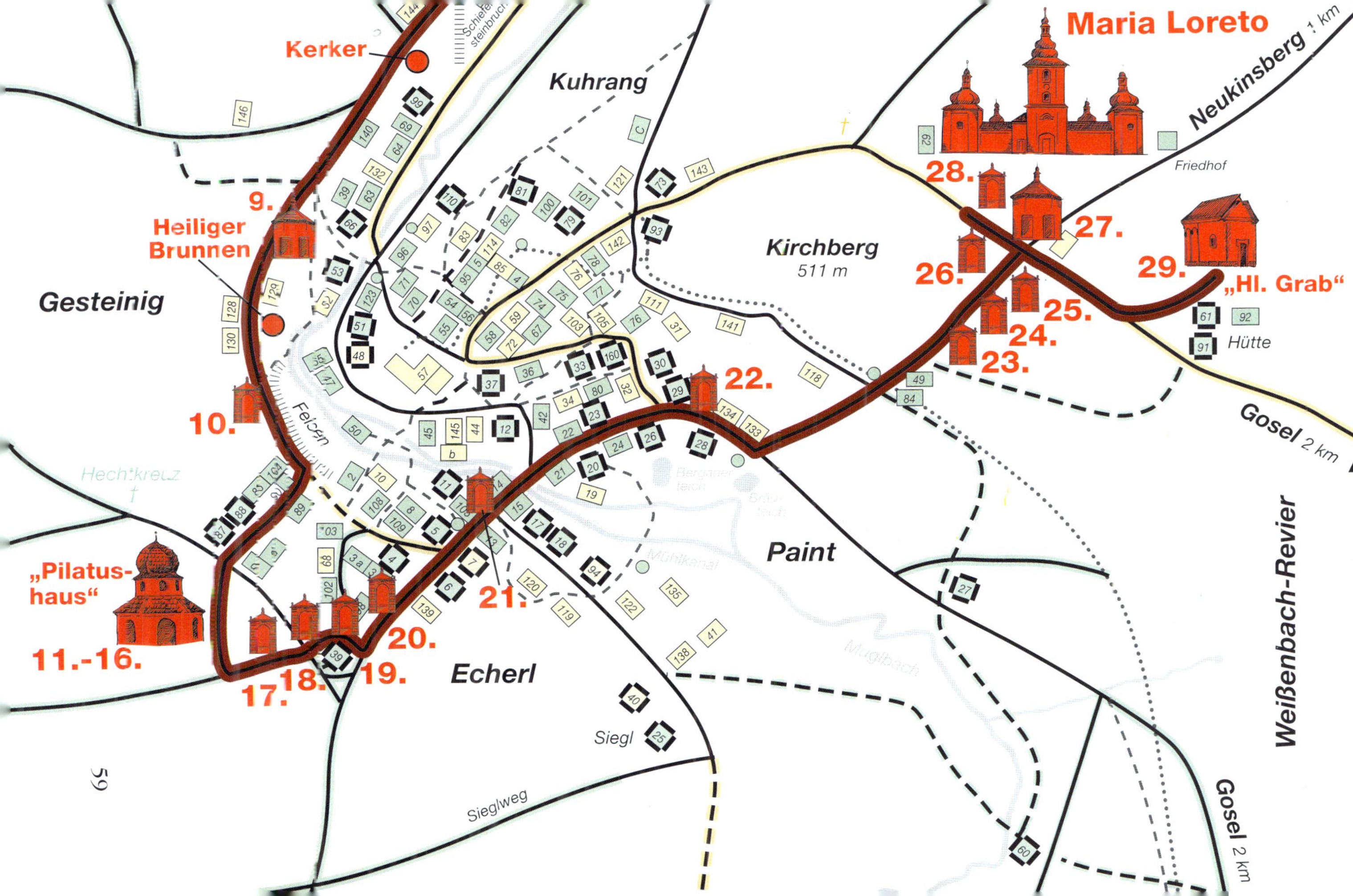

Karte: Josef Stingl und Jiří Rak

Altar der Kreuzkapelle/27. Station: Jesus hängt zwischen zwei Schächern am Kreuze (zerstört)

Der Große Kreuzweg zu Kinsberg-Loreto

Seite

Die Stationen des Leidens und Sterbens Jesu Christi

nachgezeichnet von Sr. M. Illuminata Hart

Die Stationen waren meist halboffene Kapellen mit lebensgroßen, *21*
holzgeschnitzten, farblich gefaßten Figuren und führten in einem Fußweg von 2 1/2 Stunden durch ein weites Gelände zum Wallfahrtsort Maria Loreto.

Viele der Stationen wurden nach der Vertreibung der Deutschen abgerissen, einige konnten nach der Wende wieder saniert bzw. aufgebaut werden.

1. **Station (abgerissen):** *57, 58*
Jesus nimmt Abschied von seiner Mutter und tritt den Leidensweg an. Diese Station, vom Volk Urlaubing d.h. Verabschiedung genannt, stand bei Pograth/Podhrad an der Wondreb neben der „Roten Mühle". Sie war die einzige Station, die nicht in einer Plastik, sondern in einer bildlichen, lebensgroßen Darstellung von Jesus und Maria ausgeführt war. Nach den Evangelienberichten ging der Herr zur Feier des Pascha-Mahles nach Jerusalem und hielt dort mit seinen Jüngern das letzte Abendmahl. In der Kreuzwegdarstellung von Loreto steht Altkinsberg

1. Station

2. Station

für Jerusalem. Daher wurde die Szene im Abendmahlsaal in einer Rundbaustation in Altkinsberg dargestellt. Nach dem Verlauf der Leidensgeschichte hat sich der Herr mit seinen Jüngern von da weg vor Jerusalem hinaus auf den Ölberg begeben. So müßte der Loreto-Pilger erst zur Abendmahlskapelle und dann zum „Ölberg" gehen, um den Herrn auf seinem Leidensweg zu begleiten, der nach Jerusalem-Altkinsberg führt. In der Stationenfolge wird die Abendmahlsdarstellung als 9. Station in den Kreuzweg eingefügt. Das Abbeten des Kreuzweges begann jedoch mit der 2. Station am Ölberg.

2. Station – am Ölberg (Ruine): *58, 84*
Dieses so bezeichnete Waldstück liegt an der Straße zwischen Kleinschöba/Malá Všeboř und Neukinsberg/Nový Hroznatov. Jesus betet und vergießt blutigen Schweiß, die Jünger schlafen.

3. und 4. Station *58*
in einer Doppelkapelle am Ölberg, die bei einem Flugzeugabsturz 1943 zertrümmert wurde. Die deutsche viermotorige Maschine stieg vom Flugplatz in Eger auf, flog in Richtung Schöba und stürzte brennend über dem Ölberg ab.
3. Station:
Jesus wird von einem Engel gestärkt und
4. Station:
Jesus wird von Judas verraten und gefangengenommen.

5. Station – beim Rohrteich (Ruine): *58, 102*
Der Gefangene wird gequält und mißhandelt.

5. Station

6. Station

Seite

6. Station – am Muglbach (Ruine): *58, 102*
der an dieser Stelle „Bach Cedron“ genannt wird: Jesus wird von den rohen Peinigern durch den Bach Cedron geschleppt.

7. Station und die folgenden liegen bereits innerhalb von Jerusalem-Altkinsberg (abgerissen): *58*
Jesus wird zu Annas geführt und empfängt einen Backenstreich.

8. Station (Ruine): *59, 103*
Jesus wird beim Hohenpriester Kaiphas angeklagt und von Petrus verleugnet.

Kerker (zerstört): *59*
Jesus ist im Haus des Kaiphas den größten Beschimpfungen während der ganzen Nacht ausgesetzt.

9. Station (Ruine, wieder aufgebaut): *59, 103*
Jesus hält mit seinen Jüngern das letzte Abendmahl.

8. Station

9. Station

Heiliger Brunnen (zerstört): *59*
An einem Felshang war eine Kapelle angebaut mit einer holzgeschnitzten Christusfigur. Einem Felsblock entsprang erfrischendes Quellwasser, von dem die Pilger gerne tranken. Kinder schöpften das Wasser, um es den Wallfahrern zu reichen.

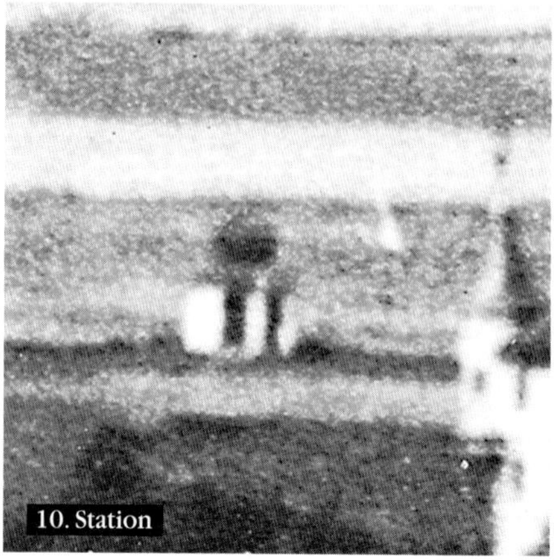
10. Station

11.-16. Station

10. Station (abgerissen): *59, 85*
Herodes verachtet Jesus und schickt ihn in einem Spottkleide zu Pilatus zurück.

11.- 16. Station (abgerissen) *59, 22, 85*
in einem Rundbau mit sechs Kapellen (Pilatushaus).

11. Station:
Jesus wird in das Gerichtshaus des Pilatus geführt und fälschlich angeklagt.

12. Station:
Jesus wird im Richthaus grausam gegeißelt.

13. Station:
Jesus sinkt während der Geißelung ohnmächtig zusammen.

14. Station:
Jesus wird mit Dornen gekrönt und verspottet.

15. Station:
Jesus wird von Pilatus dem Volke vorgestellt:
Ecce homo - Sehet, welch ein Mensch!

16. Station:
Jesus wird auf das Drängen des Volkes „Kreuzige ihn“ zum Tode verurteilt.

17. Station
18. Station

17. Station (abgerissen): *59*
Jesus nimmt das Kreuz auf seine Schultern.

18. Station (abgerissen): *59, 82*
Jesus fällt unter der schweren Last des Kreuzes.

19. Station (abgerissen): *59, 82*
Jesus fällt zum zweitenmal unter dem Kreuze;
Simon von Cyrene hilft Jesus das Kreuz tragen.

20. Station (abgerissen): *59*
Jesus begegnet seiner Mutter.

21. Station (abgerissen): *59*
Veronika, eine Frau aus Jerusalem,
reicht Jesus ihr Schweißtuch.

22. Station - gegen Ende des Ortes mit einem Torbogen über dem Weg (abgerissen, soll wieder aufgebaut werden): *59, 85, 155*
Jesus wird durch das Tor von Jerusalem zum Kalvarienberg geführt.

22. Station

23. Station

24. Station

25. und 26. Station

27. Station

28. Station

Seite

23. Station – der Weg führt über einen Steilhang zur Richtstätte (Ruine, wieder aufgebaut): *59, 152, 165*
Frauen von Jerusalem weinen über Jesus.

24. Station (Ruine wieder aufgebaut): *59, 101, 153, 165*
Jesus fällt zum drittenmal unter dem Kreuze.

25. Station (abgerissen, wieder aufgebaut): *59, 154*
Die Henkersknechte entblößen Jesus und geben ihm Wein, mit Galle gemischt, zu trinken.

26. Station (abgerissen, wieder aufgebaut): *59, 154*
Jesus wird grausam ans Kreuz genagelt.

27. Station – Kreuzkapelle, ein geschlossener Rundbau beim Friedhof auf der Höhe von Maria Loreto, 1688 errichtet (Ruine, wieder aufgebaut): *59, 87, 147-151*
Jesus hängt zwischen zwei Schächern am Kreuze.

28. Station (Ruine, wieder aufgebaut): *59, 85, 144-146*
Jesus wird vom Kreuze abgenommen und in den Schoß seiner Mutter gelegt.

29. Station – am nahen Waldrand (Ruine, wieder aufgebaut): *59, 87, 140-143*
Das Grab des Erlösers.

Mit dem „Heiligen Brunnen“ zählte der Kreuzweg 30 Kapellen.

29. Station

Die 26 Stillstände in den Kreuzgängen

große, während des kommunistisch-atheistischen Regimes abhanden gekommene Ölgemälde, die einst das gnadenreiche Leben und wunderbare Wirken Mariens auf Erden und im Himmel darstellten – Die Bezeichnung verwies auf das Stillestehen und In-sich-lebendig-werden-lassen der Bildgeheimnisse – aufgezeichnet von Sr. M. Illuminata Hart

1. Bild: Die Unbefleckte Empfängnis
2. Bild: Die Geburt der Jungfrau Maria
3. Bild: Die Aufopferung - Darstellung Marias im Tempel
4. Bild: Die Vermählung Marias mit Josef
5. Bild: Der Engel Gabriel verkündet Maria die Geburt Jesu
6. Bild: Mariä Heimsuchung
7. Bild: Die Geburt Jesu
8. Bild: Die Anbetung der drei Weisen
9. Bild: Reinigung Marias und Jesu Aufopferung im Tempel
10. Bild: Die Flucht nach Ägypten
11. Bild: Die Reise der heiligen Familie nach Jerusalem
12. Bild: Die Auffindung Jesu im Tempel
13. Bild: Das häusliche Leben im Hause von Nazareth
14. Bild: Der Tod des hl. Josef
15. Bild: Die Hochzeit zu Kana
16. Bild: Jesus zeigt sich nach der Auferstehung Unserer Lieben Frau
17. Bild: Unsere Liebe Frau inmitten der Apostel
18. Bild: Die Sendung des Heiligen Geistes
19. Bild: Unsere Liebe Frau erhält von Johannes die Wegzehrung
20. Bild: Der Tod Unserer Lieben Frau
21. Bild: Die Himmelfahrt Marias
22. Bild: Die Krönung Marias im Himmel
23. Bild: Maria opfert unsere Gebete Gott auf
24. Bild: Unsere Liebe Frau als Mutter der Sterbenden
25. Bild: Unsere Liebe Frau bedeckt mit ihrem Schutzmantel alle Stände
26. Bild: Jesus und Unsere Liebe Frau segnen Maria Loreto

Die Grüfte von Maria Loreto

Das Vorhandensein einer Gruft unter der Muttergotteskapelle wurde erst nach Sichtung der Aufzeichnungen im Gedenk-Buch der Pfarre Kinsberg bekannt. Dort ist vermerkt, daß der damalige Gutsbesitzer Johann Nonner 1835 die Gruft unter dieser Kapelle öffnen, die darin befindlichen „8 großen und kleinen todten Körper" herausnehmen, diese in zwei Gräbern auf dem Friedhof beisetzen und anschließend das Gewölbe reinigen ließ. Weiter ist dort darauf hingewiesen, daß der genannte Gutsherr und seine Ehefrau Margaretha nach ihrem Ableben, in den Jahren 1836 und 1844, in dieser Gruft beigesetzt wurden. Erst 1994 konnte aus den Aufzeichnungen im Stadtarchiv Eger die genaue Lage dieser Gruft ermittelt werden.

Bei Aufräumungsarbeiten in der Wallfahrtskirche wurde eine mehrere Zentner schwere Granitplatte, in deren Umfassung die Jahreszahl 1776 eingemeißelt ist, entdeckt. Unter dieser Platte fand man den Zugang zu einer weiteren Gruft.

Gruft unter der Muttergotteskapelle

Beide Grüfte wurden am 6. Dezember 1994 im Beisein von Vertretern tschechischer Behörden und des Fördervereins der Wallfahrtsstätte geöffnet, besichtigt und dann ohne Veränderung ihres derzeitigen Zustandes wieder geschlossen.

Die Grüfte sind aus Schiefergestein errichtet, gewölbt und haben ein Ausmaß von jeweils ca. 4 x 4 m und eine Scheitelpunkthöhe von 1.70 m. Ihre Böden sind uneben, trocken und tonig. Die vorgefundenen Särge sind noch ziemlich gut erhalten und stehen fast durchwegs in West-Ost-Richtung, teilweise aber übereinander.

Eingang zur Gruft unter der Wallfahrtskirche

Blick in die Gruft unter der Wallfahrtskirche

Die in der Gruft unter der Wallfahrtskirche sich befindlichen sieben großen, aus Fichten- und Kiefernholz gefertigten Särge weisen, bis auf einige, die mit weißen sechszackigen Sternen bemalt sind, keinerlei Verzierung auf. An einem kleinen, buntbemalten Kindersarg sind die Farben noch gut erhalten.

Von den sieben zum Teil aus besserem Material bestehenden Särgen unter der Muttergotteskapelle sind zwei silberfarbig, vermutlich aus Zinn. An einem dieser Särge ist eine schwarze Schleife angebracht mit einem Nachruf in weißer Schrift: „Der besten Schwester als letzter Liebesgruß".

Gruft unter der Muttergotteskapelle

Gedenktafel am linken Eingangspfeiler zur Wallfahrtskirche

DIE GEFALLENEN UND VERMISSTEN DER PFARRGEMEINDE SIE GABEN IHR LEBEN FÜR UNS

Im 1. Weltkrieg 1914 - 1918

Altkinsberg

Barth Bruno, Benker Johann, Bodenstein Josef, Blank Anton, Blank Josef, Blank Wilhelm, Ebert Hermann, Fischer Jakob, Fischer Johann, Fischbach Josef, Fuchs Wilhelm, Grillmayer Josef, Haller Georg Adam, Heinl Johann Karl, Heinl Josef, Heinl Michl, Helm Johann, Helm Otto, Irrgang Josef, Kailer Niklas, Kieswetter Johann, Köstler Franz, Kreuzer Franz, Kreuzer Josef, Küspert Josef, Meindlschmied Heinrich, Müller Josef, Purschke Josef, Putz Georg, Ried Hans, Riedl Willibald, Rödig Lorenz, Rötz Georg, Sandner Josef, Sandner Josef, Scherbaum Anton, Scherbaum Johann, Scherbaum Josef, Schnurrer Johann, Schöner Karl, Schreiner Josef, Schwegler Anton, Siegritz Gustav, Siegritz Rudolf, Stingl Georg, Stingl Georg, Stohwasser, Voit Josef, Werner Lorenz, Werner Rudolf, Westermaier Anton, Worsch Josef, Zimmerer Niklas, Zuber Willi

Die von den Tschechen beschädigte Gedenktafel für die im 1. Weltkrieg gefallenen und vermißten Feuerwehrmänner befindet sich in Maria Loreto. Eine Gedenktafel für alle im 2. Weltkrieg Gefallenen und Vermißten wurde am 31.8.1969 im Turm der Bruder-Klaus-Kapelle in Hatzenreuth angebracht und von dem in Altkinsberg geborenen Priester Prof. Dr. Hermann Ebert eingeweiht.

WENN ES EIN VERMÄCHTNIS GIBT,
DAS UNS DIE TOTEN DER BEIDEN WELTKRIEGE
HINTERLASSEN HABEN,
DANN IST ES DIES,
ENTSCHLOSSEN FÜR DEN FRIEDEN IN DER WELT
UND FÜR DIE FREUNDSCHAFT ZWISCHEN DEN
VÖLKERN ZU WIRKEN.

Bundespräsident Lübke

Bruder-Klaus-Kapelle in Hatzenreuth. Im Turm der Kapelle ist die Gedenktafel angebracht.

Das Kreuz und wiedergefundene Porzellanschilder an der Außenwand der östlichen Eckkapelle weisen auf den früheren Friedhof der Pfarrei Altkinsberg - Maria Loreto hin.

Hier ruhet
Marie Scheltner
geb. am 27. April 1907, gest. am 16. Juni 1908
Vater! wenn die Mutter fraget
Wo ist unser Liebling hin?
Wenn sie weinet, wenn sie klaget,
Sag' dass ich im Himmel bin!
Ruhe sanft!

Hier ruht unser liebes Kind
Cäcilia Bergauer
aus Neukinsberg.
geb. am 21. Oktob. 1934 gest. 12. Jänner 1938
Wenn im schönen Himmelsgarten,
Oben eine Blume fehlt.
Schwebt ein Engel sanft hernieder,
Pflückt die Blume auf der Welt.
Ruhe sanft!

Hier ruht in Gott
unser kleiner Liebling
Hermann Kreutzer
Altkinsberg
geb. am 16.9.1944 gest. am
Wenn Liebe könnte Wunder tun,
Und Tränen Tode wecken.
Dann würde Dich o, liebes Kind,
Die kühle Erd' nicht decken.

Seelsorger in Altkinsberg
seit Errichtung der Lokalie im Jahre 1787

(Abkürzungen: Vi = Vikar, L = Lokalist, P = Pfarrer, A = Administrator, Ko = Kooperator, Int = Interimskooperator, Kap = Kaplan, Hi = Aushilfspriester)

Ott Christoph		(L)	01.07.1787	-	Nov. 1789
Mühlvenzl Johann Caspar		(L)	Nov. 1789	-	02.01.1835
	Fuchs Vinzenz	(Hi)			
	Spann Jakob	(Hi)			
	Stadler Joseph	(Hi)			
	Schöner Anton	(Kap)	Nov. 1809	-	Jan. 1813
	Dörfler Nicolaus	(Ko)	1820	-	Dez. 1821
	Fischer Franz	(Ko)	Dez. 1821	-	1823
	Werner Michael	(Ko)	1823	-	Dez. 1823
	Poetzl Johann	(Ko)	Dez. 1823	-	03.01.1835
		(A)	03.01.1835	-	05.05.1837
Poetzl Johann		(L)	05.05.1837	-	31.07.1844
	Stöhr Kaspar	(Int)	1837	-	11.11.1837
	Widemann Adam	(Ko)	11.11.1837	-	06.01.1844
	Fischer Venanz	(Hi)	06.01.1844	-	27.04.1844
	Scharnagl Johann	(Ko)	27.04.1844	-	10.01.1852
	Pfannenstill Johann	(A)	12.08.1844	-	27.11.1844
Pfannenstill Johann		(L)	27.11.1844	-	29.11.1855
		(P)	29.11.1855	-	21.08.1873
	Burggraf Johann	(Ko)	03.10.1856	-	31.10.1857
	Lanhaus Johann	(Ko)	31.10.1857	-	31.12.1862
	Pichl Bernardin	(Int)	31.12.1862	-	08.11.1864
	Lanhaus Johann	(Ko)	08.11.1864	-	02.08.1870
	Mareth Michael	(Ko)	02.08.1870	-	21.08.1873
		(A)	21.08.1873	-	11.12.1873
Mareth Michael		(P)	11.12.1873	-	17.04.1894
	Kačer Johann	(Ko)	04.09.1874	-	14.12.1874
	Matschi Johann	(Ko)	Sept. 1886	-	März 1887
	Wünsch Anton	(Ko)	Sept. 1887		
	Brix Johann	(A)	17.04.1894	-	01.10.1894
Jirschele Bernard		(P)	04.10.1894	-	30.12.1901
	Rosin Karl	(A)	30.12.1901	-	06.11.1902
Rosin Karl		(P)	06.11.1902	-	14.10.1904
	Waldmann Georg	(A)	14.10.1904	-	31.03.1905
Waldmann Georg		(P)	31.03.1905	-	01.11.1913
	Schwenz Wilhelm	(A)	01.11.1913	-	01.04.1914
Schwenz Wilhelm		(P)	01.04.1914	-	12.11.1919
	Warmers Anton	(Hi)	12.10.1916		
	Placht Andreas	(A)	12.11.1919	-	01.10.1920
Placht Andreas		(P)	01.10.1920	-	09.09.1946
		(Vi)	07.03.1945	-	09.09.1946

Maria Loreto nun im Bistum Pilsen/Plzeň

Mit Bulle „Pro Supremi" vom 31.05.1993 gründete Papst Johannes Paul II. das neue Bistum Pilsen/Plzeň. Erster Bischof dieses Bistums wurde Msgr. František Radkovský.

Kathedrale St. Bartholomäus, Pilsen
Diözesanpatron Sel. Hroznata

Diözesanbischof
Msgr. František Radkovský

Zum neuen Bistum Pilsen/Plzeň gehört u.a. das Vikariat Eger/Cheb und damit auch die Pfarrei Altkinsberg/Hroznatov (Maria Loreto). Administrator dieser Pfarrei ist seit 15.04.1997 Pater Filip Zdĕnek von Lobkowicz, O. Präm., Pfarrer in Eger, nun auch Vikar.

Bis Anfang des 19. Jahrhunderts gehörte das Egerland und somit auch Maria Loreto noch zur Diözese Regensburg. 1807 ordnete der österreichische Kaiser (und böhmische König) Franz I. mit Dekret, dem sich Papst Pius VII. und der Regensburger Fürstbischof von Dalberg nicht widersetzen konnten, die Übernahme der oberhirtlichen Seelsorge für das Egerland durch die Erzdiözese Prag an.

Nach dem Zerfall der Donaumonarchie und der Gründung der Tschechoslowakei im Jahre 1918 verblieb das Egerland bei der Erzdiözese Prag. Der Egerer Kreis bildete innerhalb derselben ein Vikariat.

1938 erhielt der deutsche Teil der Erzdiözese Prag eine eigene Verwaltung; von Schlackenwerth (jetzt Ostrov) aus leitete Prälat Bock als Generalvikar 230 Pfarreien mit 600.000 Katholiken. Nach dem 2. Weltkrieg wurde der Zustand, wie er vor 1938 war, wieder hergestellt.

Vom 07.03.1945 bis 09.09.1946 war Pfarrer Andreas Placht in Altkinsberg Vikar des Egerer Vikariates.

Zeittafel

		Seite
1217	Ort und Burg Kinsberg erstmals urkundlich genannt 14. Juli: Hungertod des böhmischen Adeligen Hroznata in einem Kinsberger Burgturm	53, 54 26-28, 53
1322	Verpfändung des Egerlandes mit Kinsberg an den böhmischen König Johann	11, 42, 54
1555	Erster evangelischer Pfarrer in Kinsberg	53
1557	Bau eines protestantischen Bethauses am Kinsberg (Kirchberg), später katholische Pfarr- oder Heilig-Geist-Kirche	18, 20
1617	Bau der Dreifaltigkeitskirche nahe der Burg	26
1648	Schweden brandschatzen Burg	13, 54
1658	Egerer Jesuiten erwerben Gut Kinsberg und bauen auf den Resten der Burg das heutige Schloß	13, 52, 54
1664	Grundsteinlegung für die Gnadenstätte Maria Loreto auf dem Kinsberg und für den Großen Kreuzweg von Kinsberg durch die Jesuiten	17, 21, 22, 54 58-67
1665	Gnadenbild „Unsere Liebe Frau Maria Loreto" aus Loreto/Ital.	18, 19, 44
1758	Wiederaufbau der Dreifaltigkeits-/Schloßkirche durch die Jesuiten Preußen überfallen im siebenjährigen Krieg das Schloß; da die geforderten 1500 Reichstaler Brandschatzung nicht aufgebracht werden können, nehmen sie zwei Geißeln, die auf Fürsprache des preußischen Generals Finck beim Prinzen Heinrich wieder freigelassen werden	26, 54
1773	Aufhebung des Jesuiten-Ordens Gut Kinsberg geht auf den k. k. Studienfonds, Seelsorge und Patronatsrecht an den Kirchen auf Stadtpfarrkirche St. Niklas in Eger über	29, 54, 55
1787	Kinsberg selbständige Lokalie	29
1807	Durch Dekret des Kaisers Franz I. wird das Egerland von der Diözese Regensburg losgelöst und der Erzdiözese Prag zugeordnet	11, 79
1822	26. Juli: Johann Wolfgang von Goethe in Kinsberg	26, 29
1823	23. August: Johann Wolfgang von Goethe am Ölberg	29
1824	Verkauf des Gutes Altkinsberg durch den k. k. Studienfonds an Johann Nonner	30, 54

		Seite
1836	Abtretung des Patronatsrechts durch Egerer Dechant Friedrich Eifler an den Kinsberger Gutsherrn, danach Gutsbesitzer auch jeweils Patron der Kinsberger Kirchen	30, 55
1851	Pfarrkirche erhält zweiten Chor (Empore) mit 42 Betstühlen für Pfarrangehörige, die für diese Stühle bezahlt hatten	
1852	Altkinsberg mit Neukinsberg vereinigt, Gemeindeamt Altkinsberg	53
1855	Lokalie Kinsberg mit den seelsorglich betreuten Orten Altkinsberg, Neukinsberg, Kleinschöba, Oberlindau und Unterlindau selbständige Pfarrei	31
1857	Einpfarrung der Ortschaften Altalbenreuth, Boden und Gosel nach Altkinsberg	31
1869	1. August: Primiz von Johann Zindl aus Gosel in Altkinsberg	
1876	Alexander Frank gestorben, Stifter der 14 Kreuzwegbilder in der Schloßkirche (1874) und eines Fonds zur Erhaltung der Kreuzwegstationen (Testament)	32
1879	Pflanzung von 2 „Kaiserbäumen" am Eingang in die Kreuzgänge durch Pfarrer Michael Mareth und Gemeindevorsteher Franz Blank anläßlich der Silberhochzeit des Kaiserpaares Franz Josef und Elisabeth von Österreich	
1880	Fällen von 31 Alleebäumen, Neuanpflanzung von 130 Jungbäumen	174, 175
1884	Schloßrenovierung, Anbau eines Erkerturms, Neuherstellung von Hofmauer, Tor und Brücke	
1897	16. September: Seligsprechung Hroznatas	28, 53
1901	21. Juli: Errichtung des Postamtes	
1911	Erweiterungsbau der Tonwarenfabrik Anton Hart in Neukinsberg	
	Elektrisches Licht für Altkinsberg	33
1914	Beginn des ersten Weltkriegs (1914 - 1918)	40
1915	15. November: 250jähriges Jubiläum von Maria Loreto	32, 40, 47
1916	25. Juni: Primiz von Georg Schreiner aus Altkinsberg	
1917	12.- 14. Juli: 700-Jahrfeier des Märtyrertodes Hroznatas	28, 40, 47
	22. Juli: Primiz von Rudolf Löw aus Altalbenreuth in Altkinsberg	47
1918	28. Oktober: Ausrufung des tschechoslowakischen Staates	11, 41, 79
1921	Eröffnung der Pfarrbücherei	
1922	Eröffnung der Gemeindebibliothek	
	Weiter große Teuerung, 1 Ei kostet 1 Krone	

		Seite
1924	Eröffnung der neu hergestellten Bezirksstraße Altkinsberg-Erlach-Pograth	
1926	Währung: 8 tschechische Kronen entsprechen 1 Mark	
1929	Kältester Winter seit 1775, in Prag - 41 Grad, in Altkinsberg - 26 Grad, ca. 1/3 des Wildbestandes verendet, viele Eisenbahnzüge wegen Einfrierens eingestellt, Grippe-Epidemie, Kälteferien für die Schulkinder	
	15. Juli: Eröffnung des Omnibusverkehrs Altkinsberg-Eger	33
1930	Bau der Eisenbetonbrücke über den Muglbach im unteren Dorf	
1932	An Weihnachten Entlassung aller noch beschäftigten Arbeiter, Ausgabe von Arbeitslosen-Lebensmittelkarten in der Gemeinde (wöchentlich für Ledige 10, Verheiratete 20 Kronen), gewerkschaftlich organisierte Arbeiter erhalten von ihrer Gewerkschaft nur 39 Wochen Unterstützung	
1933	Jahr der Arbeitslosigkeit und großen Not	41
1934	1. Juli: Primiz von Franz Heinl aus Altkinsberg	
	Einrichtung einer Tagesheimstätte für 3-6jährige Kinder	
1937	18. Januar: Johann Frank gestorben, Gemeindevorsteher von 1909- 1931 und Verfasser der Gemeinde-Chronik bis 1931	53
	18. Juli: Feuerwehr übt anläßlich ihres 60jährigen Gründungsjubiläums „Verwundete bei einem Gasangriff durch Flieger retten“	
1938	3. Juli: Primiz von Hermann Ebert aus Altkinsberg	49
	Anfang Oktober: Anschluß des Sudetenlandes an das Deutsche Reich	41, 42
	Der deutsche Teil der Erzdiözese Prag erhält eine (nach dem 2. Weltkrieg wieder aufgelöste) eigene Verwaltung unter Generalvikar Bock in Schlackenwerth	79
1939	1. Mai: Einrichtung des Standesamtes	
	Einführung der Kirchensteuer, Einstellung der Kultuszahlungen des Staates an die Kirche	
	1. September: Beginn des 2. Weltkriegs (1939 - 1945)	42, 43
1940	Wiederholt Fliegeralarm in Altkinsberg, erste Bombe auf Eger	
1942	Elektrisches Licht in Schule und Wallfahrtskirche	33
1945	8. Mai: Ende des 2. Weltkriegs	43
	17. Mai: Sozialdemokraten und Kommunisten übernehmen die Verwaltung der Gemeinde	53, 56
	29. Mai: Scheltner Karl Bürgermeister	
	18. Juli: Übernahme der Verwaltung der Gemeinde Altkinsberg durch einen tschechischen Kommissar	
1946	29. April: Beginn der Vertreibung aus Altkinsberg	9, 43, 56
1948	Machtübernahme durch die Kommunisten in der Tschechoslowakei	

		Seite
1951	Letzter tschechischer Gottesdienst in der Pfarrkirche	4, 44, 94 - 103
	Beginn des Verfalls der im Sperrgürtel gelegenen Wallfahrtsstätte	
1952	Glockenturm der Gnadenstätte durch Brand zerstört	44, 94, 100
	Abriß des Schulgebäudes	55
1989/ 1990	Die Wende, Zusammenbruch des kommunistischen Regimes in der CSSR, Grenzöffnung zum Westen, Abbau der Grenzzäune	
	Wallfahrer pilgern zu den Ruinen Maria Loretos	45, 56
1992	11. Februar: Gründung des Vereins zur Erhaltung und Förderung der Wallfahrtskirche Maria Loreto in Altkinsberg, Egerland e.V., 1. Vorsitzender: Ing. Anton Hart, Waldsassen, früher Neukinsberg	4, 45, 88
	Beginn des Wiederaufbaus von Maria Loreto durch Deutsche und Tschechen	
1993	31. Mai: Gründung des Bistums Pilsen/Plzeň mit 9 Vikariaten, u.a. dem Vikariat Eger/Cheb; 1. Bischof wird Msgr. František Radkovský	79
	10. Oktober: Erste deutsch-tschechische Begegnung, mit Bischof František Radkovský aus Pilsen	104
1994	1. Juni: Hebefest des neuen Glockenturms	105
	1. Oktober: Einweihung der wiederhergestellten Gnadenkapelle	131-132 177
	2. Oktober: Flußwallfahrt aus Waldsassen, deutsch-tschechische Begegnung, Weihe der 3 gestifteten Kirchenglocken und Weihe der Kopie des Gnadenbildes „Unserer Lieben Frau Maria Loreto" durch Bischof František Radkovský aus Pilsen	45, 108 - 115, 131, 177
1995	Monatliche Gottesdienste in der Gnadenkapelle (Mai-August)	
	10. September: Fußwallfahrt des Dekanats Tirschenreuth von Mammersreuth nach Maria Loreto mit 3000 Pilgern, erstmals Gottesdienst in der zum Teil wiederhergestellten Wallfahrts- bzw. Heilig-Geist-Kirche	
	1.Oktober: Deutsch-Tschechische Begegnung	116 - 118
1996	Monatliche Gottesdienste in der Heilig-Geist-Kirche (Mai-Nov.)	
	1. März: Eröffnung des Grenzüberganges Mammersreuth-Altkinsberg als Fuß- und Radweg	119, 167
	21. Mai: Fußwallfahrt aus Waldsassen	113
	6. Oktober: Deutsch-tschechische Begegnung, Einweihung der wiederhergestellten Wallfahrts- bzw. Heilig-Geist-Kirche durch Bischof Radkovský aus Pilsen	59, 133-139, 157 u. ff
1997	Monatliche Gottesdienste in der Heilig-Geist-Kirche (Mai-November)	
	4. Mai: Fußwallfahrt aus Waldsassen	
	24. Mai: Erste tschechische Firmung durch Bischof Radkovský	
	22. August: Erste tschechische Hochzeit in der Heilig-Geist-Kirche	123
	5. Oktober: Fußwallfahrt aus Waldsassen, deutsch-tschechische Begegnung, Neueinweihung des Heiligen Grabes (29. Kreuzwegstation) durch Bischof Radkovský	59, 140-143

		Seite
1998	Monatliche Gottesdienste in Maria Loreto (Mai-November)	
	17 Mai: Fußwallfahrt aus Waldsassen	
	16. August: Weihe des Ostermorgensteins beim Hl. Grab durch Pfarrer v. Lobkowitz, Eger/Cheb	143
	10. September: Bischof von Fatima in Maria Loreto	126
	4. Oktober: Deutsch-tschechische Begegnung, Einweihung der Kreuzwegstationen Nr. 27 (Kreuzkapelle) und Nr. 28 (Kreuzabnahme) durch Bischof Radkovský, Pilsen	59, 144-151
1999	Monatliche Gottesdienste in Maria Loreto (Mai-November)	
	Fertigstellung der 23. und 24. Station	59, 152, 153
	April: Beginn des Wiederaufbaus der beiden zerstörten Kreuzwegstationen Nr. 25 und Nr. 26 am „Heiligen Berg"	59, 129, 154
	9. Mai: Fußwallfahrt aus Waldsassen	
	3. Oktober: Fußwallfahrt aus Waldsassen – um 13.30 Uhr ab Mammersreuth (ca. 15 Uhr Gottesdienst), deutsch-tschechische Begegnung	

Pilgergruppe am Ölberg, 2. Station: Jesus betet und vergießt blutigen Schweiß, die Jünger schlafen – alte Aufnahme. An dieser Station begann das Abbeten des Großen Kreuzwegs.

Blick auf Altkinsberg

28. Station (Kreuzabnahme) mit Friedhof und Maria Loreto - alte Aufnahme

Der Engel
(Loreto)

Da sprach der Engel: Es ist an der Zeit!
Des Egerlandes Heiligtum vergeht!
Es kann nicht sein, daß nur noch Wildwuchs steht
nach dreimal hundert Jahren Frömmigkeit!

Es kann nicht sein, daß man den Berg entweiht,
und nur der Wind durch wilde Büsche weht,
wo Lobgesang und gläubiges Gebet
dem Land einst Leben gaben und Geleit.

Sprach zu den Seinen, als sie schlafend lagen:
Laßt alle Angst! Seid voller Gottvertrauen!
Säumt nicht mehr länger, euch hinauszuwagen!

Ihr sollt die Gnadenstätte neu erbauen!
Erwacht! Erhebt euch, es beginnt zu tagen!...
...Und träumend konnten sie Loreto schauen.

Hatto Zeidler

Maria Loreto – einst (vor 1945) sowie vor und nach dem Wiederaufbau (vor und nach 1992)

Maria Loreto mit Friedhof - alte Aufnahme

29. Station „Das Grab des Erlösers", mit Blick auf Maria Loreto - alte Aufnahme

Fronleichnamsprozession nach Maria Loreto - alte Aufnahme

Altkinsberger Treffen am 31. August 1969 anläßlich der Einweihung einer Gedenktafel für die Gefallenen und Vermißten der Pfarrgemeinde Altkinsberg/Maria Loreto im Turm der Bruder-Klaus-Kapelle in Hatzenreuth durch Herrn Prof. Dr. Hermann Ebert. Auf dem Bild M. u. L. Schnurrer, Pfr. Walter Paul und Anton Hart

In der Gründungsversammlung des Fördervereins Maria Loreto e.V. am 11. Februar 1992 im Jugendheim, Waldsassen, wurden in die Vorstandschaft gewählt, von rechts: Dr. v. Waldenfels († 1997), Ferdinand Vogl, Anton Hart, Robert Treml, Erwin Sommer, Franz Fischer, Georg Zrenner, nicht im Bild Walter Rustler († 1998)

Eine erste Sitzung des Vorstandes des Loreto-Vereins mit Vertretern der zuständigen tschechischen Fachbehörden am 03.04.1992 im Waldsassener Rathaus

Ing. Anton Hart (links) nach der Überreichung der St. Wolfgangs-Verdienstmedaille durch Diözesanbischof Manfred Müller in der Basilika St. Emmeram in Regensburg am 21.06.1997. Mit der Auszeichnung wurde sein vorbildlicher Einsatz für den Wiederaufbau des Marienheiligtums Maria Loreto in Altkinsberg, seine selbstlose Aufopferung für die Neubelebung und Erhaltung dieser einst so blühenden Stätte der Marienverehrung gewürdigt.

Verleihungs=Urkunde

ALS ZEICHEN EHRENDER UND

DANKBARER ANERKENNUNG FÜR HERVORRAGENDE VERDIENSTE

UM DAS BISTUM REGENSBURG

VERLEIHE ICH

Herrn

ANTON HART

Waldsassen

DIE

St. Wolfgangs=Verdienstmedaille

REGENSBURG, DEN *21. Juni 1997*

MANFRED · DEI GRATIA EPISCOPUS RATISBONENSIS

+ Manfred.

DER BISCHOF VON REGENSBURG

Herr Ing. Anton Hart bei der Entgegennahme des vom Bundespräsidenten Roman Herzog verliehenen Bundesverdienstkreuzes 1. Klasse durch den Bayer. Staatsminister für Unterricht, Kultus, Wissenschaft und Kunst Hans Zehetmair am 18.03.1998 in der Bayer. Staatskanzlei. In der Laudatio hob der Minister besonders hervor, daß dank des Mutes, der Zuversicht, des Weitblicks und des unermüdlichen persönlichen Einsatzes von Ing. Anton Hart ein dem Verfall preisgegebenes Kulturdenkmal von europäischem Rang gerettet wurde.

Der Heimatkreisverband Eger-Stadt und Land „Egerer Landtag e.V." ehrte Herrn Anton Hart am 29.08.1998 in Anerkennung der um die Stadt Eger und das Egerland erworbenen besonderen Verdienste durch Verleihung der Verdienstmedaille, hier Herr Ing. Anton Hart mit Herrn Prof. Dr. Lorenz Schreiner.

VERLEIHUNGSURKUNDE

IN ANERKENNUNG DER UM VOLK UND STAAT ERWORBENEN

BESONDEREN VERDIENSTE

VERLEIHE ICH

Herrn Anton Hart
Waldsassen

DAS VERDIENSTKREUZ

1. KLASSE

DES VERDIENSTORDENS DER BUNDESREPUBLIK DEUTSCHLAND

BERLIN, DEN 9. DEZEMBER 1997

DER BUNDESPRÄSIDENT

Roman Herzog

40 Jahre Kommunismus haben das einst herrliche Heiligtum zerstört

Reste vom Kreuzgang

Gnadenkapelle mit Kreuzgang, Friedhofseite. Die Dächer wurden abgedeckt, die Gewölbe stürzten ein.

Zerstörte und wiederhergestellte Empore in der Hl.-Geist-Kirche

Altarraum der Heilig-Geist Kirche, verwüstet und mit obszönen Darstellungen beschmiert.

Südlicher Kreuzgang 1990

Eingang zur Heilig-Geist-Kirche mit herabgestürztem Baum

In den Ruinen von Maria Loreto. Der erste Gottesdienst nach der Wende, zelebriert von Pater Kopejsko.

Erstmals nach über 50 Jahren führte ein Kreuzweg, geleitet von Pfarrer Triebenbacher aus Schirnding, nach Maria Loreto, hier vor dem Portal der Wallfahrtskirche.

Beim Abladen von Baumaterial

Aufräumarbeiten vor der Wallfahrtskirche 1992. Die Firma HART-Keramik Waldsassen stellte Radlader und Personal kostenlos zur Verfügung.

Säulen und Bögen, östlicher Kreuzgang, Zugang zur Heilig-Geist-Kirche beim Wiederaufbau

24. Station - Reparaturarbeiten Ende September 1993

5. Station - am Rohrteic
Von links: Anton Hart, José Koči, Pfr. Uhliř und Miloš Sandner

6. Station - am Muglbach, der an dieser Stelle „Bach Cedron" genannt wu

8. Station - Ruine

9. Station, Abendmahl - Ruine

Deutsch-tschechische Begegnung am 10. Oktober 1993 mit dem Jugendchor soubor Musica sempre viva Eger

Erstellen des Glockenturms bei der Firma Kropf in Thiersheim. Von links : Ing. Architekt Vystyd, Ing. Hart, Zimmermeister Kropf und Statiker Brecht

Prozession zur Schloßkirche Altkinsberg, 10. Oktober 1993. Von links: Dekan Uhlíř, Bischof Radkovský, Prälat Vitus Pschierer

Hebefest 1. Juni 1994 - Neuer Glockenturm wird mit Kran auf den Kirchturm gehievt- Bayer. Fernsehen, Studio Franken, war dabei

Oberbürgermeister Otakar Mika, Cheb/Eger, Ing. Anton Hart, Elfriede und Ferdinand Bidmon in Maria Loreto

Oberbürgermeister Otakar Mika, Cheb/Eger, und Dr. Hans Heinrich von Srbik, Präsident der Messerschmittstiftung, München, engagierte Förderer von Maria Loreto

Tschechisches Fernsehen Prag bei Aufnahmen am 22.09.1994

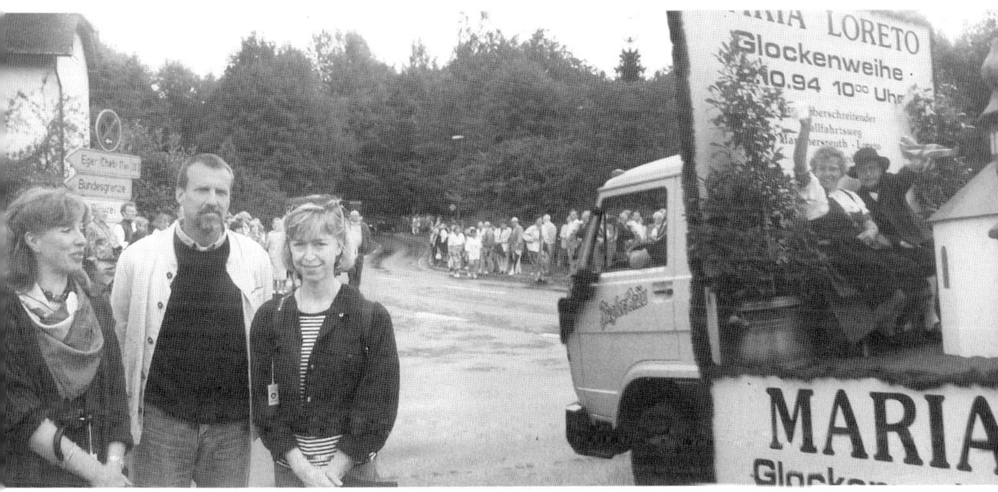

BBC London bei Aufnahmen für das englische Fernsehen am Birnsunnta in Schirnding. Auf dem Bild Filmproduzentin Barbara Want mit Kollegen des Aufnahmeteams im Gespräch mit Ulrika Hart. Auf dem Festwagen in Egerländer Tracht Frau Rubner und Herr Irrgang

Delegation Pfarrer Uhlíř, Koči, Sandner, Sommer, Hart, Skalicky beim Erkunden eines Wallfahrtweges beim „Blechernen Kreuz“ bei Mammersreuth

Wallfahrer von Mammersreuth nach Maria Loreto beim Grenzübergang am 2.10.1994

Beim Glockenguß für Maria Loreto bei Fa. Perner, Passau, am 8. Juli 1994

Die neuen Glocken von Maria Loreto:

Ave-Glocke

Gloria-Glocke

Sanctus-Glocke

Adela spricht den Begrüßungsprolog und überreicht seiner Exzellenz Bischof František Radkovský einen Blumenstrauß

Festgottesdienst im Zelt anläßlich der Weihe der Muttergottesstatue

Weihe der drei neuen Glocken durch Bischof František Radkovský

Bischof Radkovský, Pater Filip von Lobkowicz, Pfarrer Zapf und Pfarrer Uhlíř, Eger, in der Gnadenkapelle

Die Pilger von St. Quirin bei Neustadt/WN machten auf ihrer Fußwallfahrt nach Maria Kulm Halt in Maria Loreto. Hier bei einer Andacht in der Hl.-Geist-Kirche.

Polnisches Fernsehen am 23.02.1995 in Maria Loreto

Kolpingswallfahrt am 21.05.1995. Von links: Pfarrer Hausmann, OB Otakar Mika (Eger/Cheb), Herbert Bauer, Anton Hart, Peter Tippmann, Erwin Sommer, Pfarrer Zapf

Sanierungsarbeiten am Dach der Wallfahrtskirche zum Hl. Geist. Auswechseln der schadhaften Schalung und Anbringung von Kupferblech, August 1995

Über 2.500 Gläubige wohnten den Feierlichkeiten am 2. Oktober 1994 bei. Hier: Weihe des neuen Gnadenbildes und Meßfeier im Festzelt. Hinter der Kamera Ing. Anton Hart, rechts von ihm seine Ehefrau Felicitas, links seine Schwester Hermine Hart.

Prozessionszug vom Festzelt zur Gnadenkapelle, (v. links) Bischof Radkovský, Domkapitular Peter, Prälat Pschierer, Pfarrer Hron und Dekan Uhlíř

Nach 50 Jahren läuten die Glocken wieder. BBC London war auch dabei.

Treue Helfer bei den Vorbereitungsarbeiten zur Glockenweihe. Aufstellen eines Zeltes für 2.500 Pilger

Dekanatswallfahrt mit 3.000 Pilgern nach Maria Loreto am 10.09.1995

Die Ansprache von Oberbürgermeister Otakar Mika anläßlich der Dekanatswallfahrt am 10.09.1995 fand großen Beifall

Gemütliches Beisammensein nach der Dekanatswallfahrt am 10.09.1995

Gudrun Schmidt vom Westdeutschen Rundfunk am 01.10.1995 beim deutsch-tschechischen Treffen in Maria Loreto im Gespräch mit Elfriede und Ferdinand Bidmon

Deutsch-tschechischer Gottesdienst mit (von rechts) Pater Zur, Sokolov (Falkenau), Pater Hroznata, Pater Augustin (beide Eger/Cheb), Bischof Radkovský, Dekan Wölfel, Pf. Zapf, am 01.10.1995

Allerseelenmesse am Totensonntag, dem 05.11.1995, mit Pfarrer Anton Zapf, Poppenreuth, und Pater Wigbert, Fuchsmühl

Dänisches Fernsehen Kopenhagen bei Aufnahmen am 04.12.1996. Frank Esmann Jensen (3. v. links), Anton Hart und OB Mika, Cheb-Eger (rechts)

Gemeindeverwaltung Konnersreuth mit Bürgermeister Hamann am 9.10.1996 in Maria Loreto

...Was ist das für eine Liebe zur alten Heimat, zu Unserer Lieben Frau! Nur so können sich von Gewalt auseinandergerissene Herzen von Deutschen und Tschechen versöhnen...
Maria Loreto 3.10.1997

+ *Karl Flügel,*
Titularbischof von Altiburo,
Weihbischof em. - genannt „Pilgerbischof"

P. Filip Z. Lobkowicz (Pfarrer in Eger u. Administrator der Pfarrei Altkinsberg), Ing. Katina (Landratsamt Eger), Frau Frühaufová (Denkmalschutzamt Pilsen), Ing. A. Hart am 09.09.1997 (von links)

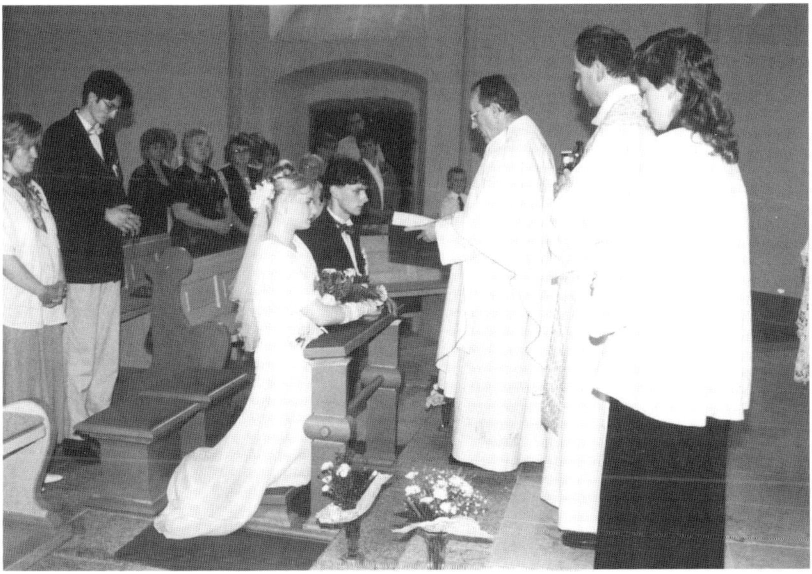

Erste Hochzeit nach dem Wiederaufbau der Heilig-Geist-Kirche: Am 22.08.1997 heiratet ein tschechisches Paar aus Asch in Maria Loreto

Südseite von Maria Loreto nach der Sanierung 1997 - im Vordergrund der Friedhof

Der tschechische Staatspräsident Václav Havel zeigte sich bei seinem Besuch in Eger am 03.05.1996 von der guten deutsch-tschechischen Zusammenarbeit in Maria Loreto sehr beeindruckt. Der Vorsitzende des Loreto-Vereins, Ing. Anton Hart, überreichte ihm ein Exemplar dieser Broschüre „Eine kleine Wallfahrt durch 330 Jahre Maria Loreto, Gnadenstätte im Egerland".

Beim Besuch von Elfriede Bidmon in Loreto/Italien 1997 zeigten auch der nunmehrige Erzbischof, Angelo Comastri, und der Generaldirektor der Weltkongregation des Heiligen Hauses, Pater Guiseppe Santarelli, großes Interesse an der bewegten Geschichte von Maria Loreto im Egerland sowie an den ihnen überreichten Maria-Loreto-Bändchen, die, so Pater Santarelli, „einen bedeutenden Ort der Maria-Loreto-Verehrung bekannt machen, der besondere Charakteristika aufweist". Exemplare verschiedener Auflagen der Broschüre wurden in die Bibliothek der Weltkongregation der Santa Casa aufgenommen. Als Zeichen der Anerkennung überreichte Erzbischof Comastri Elfriede Bidmon eine von dem bekannten Künstler Floriano Bodoni anläßlich der 7. Jahrhundertfeier der Überführung des Heiligen Hauses geschaffene Bronze-Gedenk-Medaille.

VII CENTENARIO LAURETANO
1294-1994

Elfriede Bidmon, Erzbischof Comastri (Loreto/Italien, Juni 1997)

Elfriede Bidmon, Pater Santarelli und (im Hintergrund) Roberto Stefanelli (Loreto/Italien, Juni 1997)

10.09.1998. Der Bischof von Fatima in Maria Loreto. Von links: Msgr. Skazh, Bischof Serafim de Sousa Ferreira e Silva, Pater Kondor, Vikar v. Lobkowicz und Pfarrer Kosch

Ein freudiges Ereignis für Maria Loreto stellte der Besuch hoher geistlicher Würdenträger aus Portugal, des Bischofs Serafim de Sousa Ferreira e Silva von Leiria-Fatima und des Sekretärs des Fatimaapostulats Pater Kondor, dar. Im Beisein vieler deutscher und tschechischer Kirchenbesucher feierten die beiden Gäste, die sich auf einer Reise durch Europa befanden, mit Msgr. Škazh, Pilsen, Vikar v. Lobkowicz, Eger, und Pfarrer Kosch, Konnersreuth, am 10. September 1998 einen gemeinsamen Gottesdienst in portugiesischer, deutscher und tschechischer Sprache.

Später schrieb Bischof Serafim an Herrn Hart:

„...Wir danken Gott, da die Stunden mit Ihnen im Heiligtum Maria Loreto für uns große Gnadenstunden gewesen sind; sicher auch eine große Erfahrung, wie wir in Zukunft an der Versöhnung von Völkern noch erfolgreicher mitarbeiten können...“

und an Herrn Vikar v. Lobkowicz:

„...Die konzelebrierte heilige Messe in drei Sprachen zeigte, wie Gott in der Geschichte der deutsch-tschechischen Grenze zu handeln vermag, wenn die Menschen von Seinem Geist der Liebe sich bewegen lassen. Diese Erfahrung wird mir in Zukunft auch dort Lichtblicke geben, wo die menschliche Hoffnung aussichtlos zu sein scheint...“

Deutsch-tschechisches Priestertreffen des Dekanats Tirschenreuth und Vikariats Eger/Cheb mit Bischof Radkovský (Pilsen) am 06.05.1998 in Maria Loreto

Grabstein der Familie Löw aus Altalbenreuth

In dieser Grube liegen die nach der Vertreibung der Deutschen vom Friedhof geräumten Grabsteine.

Friedhof von Maria Loreto im August 1943.

Wiederaufbau der 25. Kreuzwegstation: Die Henkersknechte entblößen Jesus und geben ihm Wein, mit Galle gemischt, zu trinken.

Die zerstörte Muttergottes-kapelle, wie sie 1990 vorgefunden wurde

Der Altar der Muttergottes-kapelle nach der Renovierung 1994

Maria, du hast deine Heimstatt wieder!

Die Gnadenkapelle zu „Unserer Lieben Frau Maria Loreto“ neu eingeweiht

330 Jahre Maria Loreto! Über 2.500 Pilger kamen, um dieses Jubiläum zu feiern. Und nach einem halben Jahrhundert des Schweigens jubilierten wieder Glocken.

Am 3. Oktober des Jahres 1664 wurden von den Jesuiten auf dem Kinsberger Berg die ersten Fundamente für den Bau der lauretanischen Kapelle, einer Nachbildung des Heiligen Hauses von Nazareth, zu Ehren Mariens gesetzt. Dies war die Geburtsstunde von Maria Loreto, das über Jahrhunderte hinweg als eine der blühendsten Gnadenstätten des Egerlandes galt, nach der Vertreibung der Deutschen im Jahre 1946 aber jahrzehntelang der Verwüstung und dem Verfall preisgegeben war. Erst nach dem Fall des Eisernen Vorhangs konnte, gemeinsam von Deutschen und Tschechen, mit dem Wiederaufbau begonnen werden, erfuhr Maria Loreto die Stunde der Wiedergeburt.

Bereits im Jahre 1994 war das Herzstück der Wallfahrtsstätte, die Gnadenkapelle, wieder hergestellt. Am Samstag, dem 1. Oktober 1994, weihte Bischof Radkovský von Pilsen die Kapelle in Vorbereitung für den würdigen Einzug der Muttergottesstatue, einer Kopie der Originalmadonna, neu ein. Während der im kleinen Kreis gehaltenen Meßfeier konsekrierte er den neuen Altar.

Tags darauf, am Sonntag, dem 2. Oktober, weihte der Bischof zunächst die drei neuen Kirchenglocken, gestiftet von Ing. Anton Hart, Hermine Hart und Sr. M. Illuminata Hart (Ave-Glocke), Margaretha Bergauer (Gloria-Glocke) und Franz Xaver Sollfrank (Sanctus-Glocke).

Anschließend, während eines in einem großen Festzelt gefeierten Gottesdienstes, weihte er die Muttergottesstatue mit dem Jesuskind am Arm. Diese wurde dann in einer feierlichen Prozession unter bewegter Anteilnahme der über 2.500 Gläubigen und unter hellem, die Herzen öffnenden Glockengeläute auf einem Tragaltar in ihr Haus, in die Gnadenkapelle, gebracht. Nach einem halben Jahrhundert erstrahlte das Haus Mariens nun wieder in festlichem Gewand.

Der 1. Vorsitzende des Loreto-Vereins, Herr Ing. Anton Hart, dankte allen herzlich, die durch ihre Spenden und ihre Mitarbeit dieses frohe Ereignis ermöglicht hatten, insbesondere der Messerschmittstiftung, München, für die großzügige Zuwendung, den Stiftern der neuen Kirchenglocken und seiner Schwester, Sr. Illuminata Hart, nach deren Entwurf der Innenbereich der Gnadenkapelle ausgestaltet worden war, sowie den Herren Tatter und Stejskal aus Prag, die die Restaurierung durchgeführt hatten.

Der Wiedereinzug der Madonna in die Gnadenkapelle war ein Meilenstein auf dem Wege, die Wallfahrtsstätte mit neuem Leben zu erfüllen, war den vielen Gläubigen auf dem „Heiligen Berg“ ein Symbol des Auferstehens, ein Fingerzeig Gottes, daß das Heiligtum nicht untergehen wird.

Einzug des geweihten Gnadenbildes in das Heilige Haus am 2.10.1994

Heilig-Geist-Kirche neu eingeweiht

»Gott ist in sein Haus zurückgekehrt«

Die bis zur politischen Wende der Verwüstung anheimgegebene Wallfahrtskirche zum Heiligen Geist in Maria Loreto strahlt wieder in wunderbarem Glanz und verkündet die Herrlichkeit Gottes unter den Menschen.

Eine dicht gedrängte Menschenmenge - mit Bussen, Autos und zu Fuß angekommen - erlebte am Sonntag, 6. Oktober 1996, die eindrucksvolle Feier der Neueinweihung dieses Gotteshauses durch den Pilsener Bischof František Radkovský. Video und Lautsprecher übertrugen das Geschehen in die Kreuzgänge. Glockengeläute hatte 500 Fußwallfahrer begrüßt, darunter den Vertreter des Bischofs Manfred von Regensburg, Domkapitular Strupf, und den Stadtpfarrer von Waldsassen, Dekan Wölfel.

Die Wallfahrer erreichen Maria Loreto. Im Vordergrund: Kurt Landgraf (fr. Eger), Stifter der Wallfahrtskerze, Fritz Schönberger mit dem Kreuz und Rudolf Heml mit der Kolpingsfahne

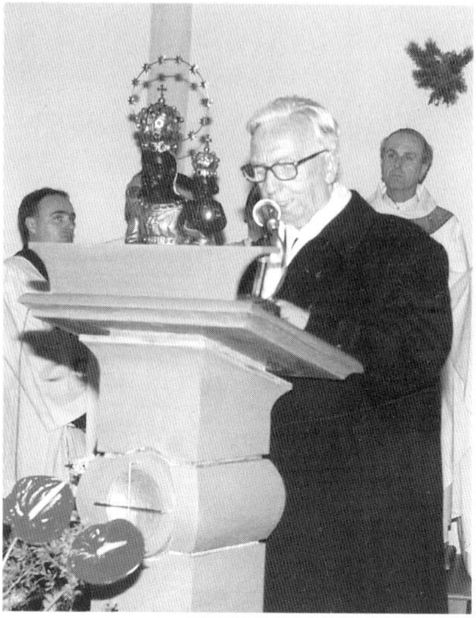

Anton Hart, Vorsitzender des Fördervereins, dankte den vielen Loreto-Freunden für die große Spendenfreudigkeit, dem Oberbürgermeister von Eger, Otakar Mika, für seinen stetigen Einsatz, dem Präsidenten der Messerschmittstiftung in München, Dr. Hans Heinrich Ritter von Srbik, sowie dem Innenministerium in Bonn und den tschechischen Behörden in Prag und Eger für die gewährte großzügige Unterstützung. Alle hätten mitgeholfen, daß die Innenausstattung der Kirche termingerecht vollendet werden konnte, u.a. die Prager Restauratoren bei der Freilegung alter Fresken, die Fa. Tatter in Prag bei der Gestaltung des Altarraumes nach dem Entwurf von Sr. Illuminata Hart und die Fa. Grillmeier in Waldsassen bei der Anfertigung der Kirchenbänke nach den Plänen von Architekt Wiesinger. Darin zeige sich wieder einmal die erfolgreiche Zusammenarbeit von Deutschen und Tschechen. Zukunftsweisend sei, daß die tschechischen Denkmalpfleger nun auch beabsichtigten festzustellen, was von den Stationen des ehemaligen Großen Kreuzwegs noch vorhanden und noch zu retten sei.

Während des Gottesdienstes - nach dem Evangelium und der Anrufung aller Heiligen - erfolgte die Weihe des Altars. Der Bischof bezeichnete sie als den Höhepunkt der Feier, weil Christus auf dem Altar gegenwärtig wird. Er salbte die Altarplatte in der Mitte und an den vier Ecken mit Chrisam, entzündete den Weihrauch, der an den Altarecken in Schalen aufgestellt worden war, umschritt den Altar, beräucherte ihn und besprengte ihn mit eigens dafür geweihtem Wasser. Anschließend wurde der Altar für die Feier des Meßopfers bereitet: das Altartuch wurde aufgelegt, Leuchter mit Kerzen wurden aufgestellt

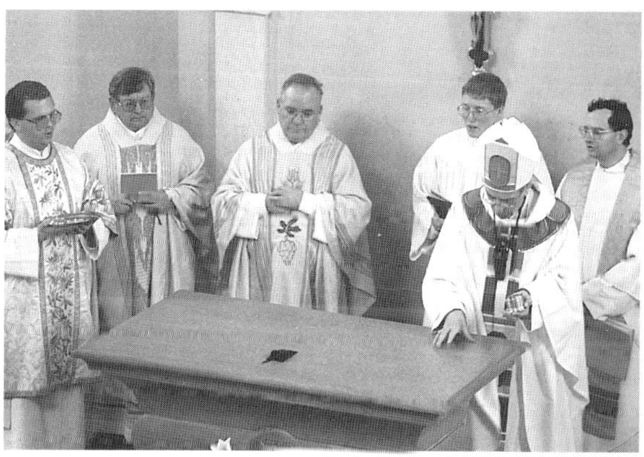

Den Festgottesdienst zelebrierte Bischof Radkovský mit elf deutschen und tschechischen Geistlichen im Beisein von Diakonen und Ministranten in tschechischer und deutscher Sprache. Er bekundete die Freude, daß nach 50 Jahren Gott in dieses Haus zurückkehre und daß inmitten eines Gebietes der Säkularisation Christen in Wort und Leben Zeugnis für Gott geben. Er forderte aber auch auf, gegen den Strom zu schwimmen, der da heiße: mißbrauchte Freiheit und steigender Wohlstand. In Maria Loreto sehe er ein leuchtendes Symbol deutsch-tschechischer Verständigung und Zusammenarbeit. Ein überwältigendes „Großer Gott, wir loben dich" und der bischöfliche Segen schlossen die festliche Feier ab.

Der Basilika-Chor von Waldsassen mit Kirchenmusikdirektor Zimmert, Waldsassener Blechbläser und Orgelmusik umrahmten feierlich den Pontifikalgottesdienst.

Ing. Anton Hart und seine beiden Schwestern Hermine Hart (5. von links) und OStD Sr. Illuminata Hart, die die Altarausstattung entwarf (3. von rechts), mit Prager Künstlern: u.a. akadem. Maler Gencev (rechts) und Kunstschreiner Tatter (4. von rechts).

Das Innere der neu eingeweihten Heilig-Geist-Kirche in festlichem Glanz

Hl. Messe in der renovierten Heilig-Geist-Kirche am 3.11.1996

1997 konnte die Gestaltung des Altarraumes der Heilig-Geist-Kirche abgeschlossen werden

Das Heilige Grab
die 29. Station des Großen Kreuzwegs
von
Kinsberg neu eingeweiht

INSCHRIFT:

Jesus Christus
crucifixus
mortuus et
sepultus est

Resurrexit
sicut
dixit.
Alleluja

Jesus Christus
ist gekreuzigt worden
ist gestorben und
begraben worden.

Er ist auferstanden
wie
er gesagt hat.
Alleluja

ALS DIE SONNE
AUFGING
KAMEN DIE FRAUEN
ZUM GRABE
DER STEIN WAR WEGGEWÄLZT

KDYŽ VICHÁZELO
SLUNCE
PŘIŠLY ŽENY
K HROBU
KÁMEN BYL ODVALEN

Am Sonntag, dem 5. Oktober 1997, konnte Bischof Radkovský aus Pilsen im Beisein von mehreren Priestern und vielen Gläubigen das ebenfalls zur Ruine verfallene und nunmehr in beispielhafter Zusammenarbeit von Deutschen und Tschechen restaurierte Heilige Grab neu weihen und dieses den Gläubigen wieder als Gebetsstätte übergeben.

Wieder haben viele Menschen gespendet und für Gotteslohn mitgeholfen, daß auch dieses architektonische Kleinod vor dem endgültigen Verfall bewahrt werden konnte. Helfer des Waldsassener Fördervereins befreiten die Anlage von Gestrüpp und Schutt. Tschechische Handwerker, José Koči und František Jelinek, sicherten und ergänzten die Bausubstanz. Der Bildhauer Max Fischer formte nach einem im Schutt aufgefundenen Original das Modell der Kapitelle, die bei HART Keramik im Werk Waldsassen aus Ton gearbeitet und gebrannt wurden. Schmiedemeister Adolf Hart fertigte ein kunstgeschmiedetes Gitter für den Eingang des Heiligen Grabes. Kirchenmaler Josef Geißler brachte entsprechend dem von Sr. Illuminata Hart gefertigten Entwurf das Kreuz und die Inschrift an der Kapelle an. Die farbliche Gestaltung des unter Denkmalschutz stehenden Heiligtums oblag Frau Frühaufová vom Amt für Denkmalschutz, Pilsen.

Wie sich aus noch vorhadenen Unterlagen ergibt, hatte man um das Hl. Grab ursprünglich, dem Bericht im Johannesevangelium folgend, einen Garten angelegt und in diesen mehrere lebensgroße Steinskulpturen gestellt. Nach dem Andachtsbüchlein „Wallfahrt nach Maria Loreto“ aus dem Jahre 1863, verfaßt von Cooperator Johannes Nepomuk Lanhaus, befanden sich in dem Garten seinerzeit folgende Bildwerke bzw. szenische Figurengruppen: dem Grabe „gerade gegenüber“ die drei Frauen Maria Magdalena, Maria Jakobi und Salome, die Jesu Leichnam salben wollen, „auf der einen Seite daneben“ der auferstandene Heiland, den Maria Magdalena für einen Gärtner hält, „auf der anderen Seite daneben“ Jesus mit den zwei Jüngern, die nach Emmaus gehen. Der Pfarr-Chronik ist wiederum zu entnehmen, daß im Jahre 1853 „die zwei Engel beim Hl. Grab neu hergestellt“ wurden, „da die alten durch Sturm schwer beschädigt waren“. Danach müßten seinerzeit mindestens 8 bis 10 lebensgroße Statuen in dem umzäunten Garten des Hl. Grabes gestanden sein.

Nach der Wende war keine der genannten Figuren mehr vorhanden. Um zum leeren Grab wenigstens eine der Auferstehungsszenen anschaulich zu machen, entwarf Sr. Illuminata Hart ein Steinmonument, das in einer wunderbaren Komposition von Material und Darstellung das Geschehen am Ostermorgen stimmungsvoll einfängt, den Gedenkstein „Ostermorgen“.

Das Grundelement der Skulptur, eine Sonnenscheibe, die auf einem quaderförmigen, gleichsam aus der Erde wachsenden Sockel ruht, versinnbildlicht sowohl die strahlende Sonne des Ostermorgens wie auch die Herrlichkeit des Auferstandenen. Zum Kreisrund der Sonne deutet ein kleinerer Kreis, der sich gegen die Mitte zu vertieft, das leere Grab und damit Jesu Tod an. Der gespaltene kantige Stein links und rechts des Grabes schafft Spannung zwischen den beiden Kreisen, zwischen Leben und Tod.

Das Heilige Grab in Maria Loreto - alte Aufnahme

Ing. FH Andreas Grillmeier und Sr. Illuminata Hart

Ostermorgenstein und Heiliges Grab

Die drei Frauen mit den Salbgefäßen - als Relief - vor dem offenen Grab suchen den toten Heiland und vernehmen die frohe Kunde von seiner Auferstehung. Eine Schriftlegende in deutscher und tschechischer Sprache umfließt voll Harmonie die Sonnenscheibe.

Das Heilige Grab sowie der Ostermorgenstein, gemeinsam versinnbildlichen sie das Glaubensgeheimnis: „Deinen Tod, o Herr, verkünden wir und deine Auferstehung preisen wir, bis du kommst in Herrlichkeit."

Durch das Entgegenkommen von Herrn Direktor Rüger an der Staatl. Fachschule für Steinbearbeitung in Wunsiedel wurde der Ostermorgenstein dort von Herrn Dipl. Ing. (FH) Andreas Grillmeier, Innenarchitekt und Steinbildhauermeister in Tännesberg, als Meisterstück angefertigt. Er arbeitete die Skulptur mit viel Gespür und Präzision aus einem Granitblock heraus, den der Förderverein Maria Loreto zur Verfügung stellte. Die Einweihung erfolgte am 16. August 1998 durch Vikar v. Lobkowicz.

Das Heilige Grab - eine Ruine

28. Station des Großen Kreuzwegs

„Jesus wird vom Kreuz abgenommen und in den Schoß seiner Mutter gelegt“

1998 konnte wieder eine Station des Großen Kreuzwegs restauriert, ein weiteres Kleinod von Maria Loreto gerettet werden: die 28. Station.

Am 4. Oktober wurde das aus einer Ruine wiedererwachsene Bauwerk unter freudiger Anteilnahme von vielen deutschen und tschechischen Gläubigen von Bischof Radkovský eingeweiht.

Für die halboffene Kapelle schuf Herr Dr. Hatto Zeidler aus Heidelberg, ein Künstler aus einer Egerländer Familie und begeisterter Förderer des Aufbauwerkes, ein 8 Personen umfassendes, in klassischer Stucktechnik gearbeitetes Kunstwerk: die Kreuzabnahme. Da aber von dieser wertvollen Figurengruppe erst noch ein Abguß hergestellt werden soll, ist die bereits mit einem kunstgeschmiedeten Eisengitter und einer Plexiglaswand ausgestattete Station zunächst nur mit einer Abbildung dieses Kunstwerkes versehen.

In der dargestellten Szene wirkt eine kleine, in sich gekehrte, voll auf den toten Heiland konzentrierte Gemeinschaft, die alles Äußere, Weltliche vollkommen ausschließt. Es scheint, als würde das Geschehen in einem entscheidenden Augenblick angehalten, als mitten im Herablassen des Leichnams das Haupt Jesu im Zentrum des Blickfeldes sichtbar wird. Die linke Hand Jesu liegt fest im Haltegriff seines auf einer der Leitern stehenden, tief über den Querbalken des Kreuzes geneigten Freundes Josef von Arimathäa, während neben diesem Nikodemus, der weitere Freund, den Körper des Toten mit dem Falltuch faßt und auf der anderen Seite der

28. Station - Ruine

ebenfalls über den Balken gebeugte Helfer, der Hauptmann, die Dornenkrone hält. Die andere Hand Jesu wird innig gehalten von Maria Magdalena, die fassungslos, mit großen Augen und weit geöffnetem Mund, vergeblich den Blickkontakt zu dem toten Heiland sucht. Johannes, auf dem Boden kniend und sein Gesicht verbergend, will Jesu Leib entgegennehmen. Maria Kleophat, ebenfalls kniend, neigt sich über die durchbohrten und geschwollenen Füße des Toten, um sie zu küssen. Währenddessen wartet Jesu Mutter, mit schmerzvoll nach oben gerichtetem Blick und ausgebreiteten Armen auf einem Stein sitzend, auf ihren toten Sohn. Eine beinahe atemlose, andächtige Stille liegt über dem Geschehen. Aber die starken Knitterfalten in den Kleidern der Beteiligten vermitteln Erregung, Entsetzen, Grauen, Hilflosigkeit. Und doch – es ist, als würde Jesus noch im Tod mit seinem Körper, wie mit einem diagonalen Strich, das Kreuz auslöschen, als möchte er hier schon sagen: „Ich bin die Auferstehung und das Leben".

Die „Kreuzabnahme" von Herrn Dr. Hatto Zeidler ist ein Kunstwerk von tief religiöser Aussage- und Ausdruckskraft. Dem Künstler, der dieses Werk für Gotteslohn schuf, sei dafür herzlich Dank gesagt.

Maria wartet auf ihren toten Sohn

Die Kreuzkapelle
27. Station des Großen Kreuzwegs

„Jesus hängt zwischen zwei Schächern am Kreuz"

Auch diese an der Dachkonstruktion und im Innenraum schwer geschädigte und ausgeraubte Kapelle konnte saniert und, zusammen mit der gegenüberstehenden 28. Station (Die Kreuzabnahme), am 4. Oktober 1998 von Bischof Radkovský eingeweiht werden.

Mittelpunkt der Kreuzkapelle ist die ebenfalls von Herrn Dr. Hatto Zeidler geschaffene Kreuzigungsgruppe mit der raumbehrrschenden, überlebensgroßen, im Kontrast zu den beiden bewegten Schächern tiefe Ruhe und Frieden ausstrahlende Christusfigur.

Die Kreuzigungsgruppe von Dr. Hatto Zeidler

Der schlechte bauliche Zustand der Kapelle, in der in früherer Zeit - vor dem Bau eines „Leichenhauses" (1908) - auch die „Leichen weggesungen" (ausgesegnet) wurden, erforderte unaufschiebbar eine umfassende Restaurierung. Zwar wurde das Dach 1993 vorsorglich mit Dachziegeln eingedeckt, jedoch erwiesen sich die Schäden, die schon vorher aufgrund des faul und morsch gewordenen Schindelbelages entstanden waren, als zu groß: die Gewölbe drohten einzustürzen.

Die Leitung der Restaurierungsarbeiten oblag Frau Frühaufová vom Denkmalschutzamt Pilsen. Fachleute konnten auch in dieser Kapelle an der Decke und an den Wänden Fresken aus der Zeit der Jesuiten sowie die Beschriftung der 28 in die Seitenwände eingelassenen Nischen freilegen, die, wie sich aus Aufzeichnungen in der Pfarrchronik ergibt, früher vermutlich zum Abbeten des Großen Kreuzwegs vorgesehene Kreuzwegbilder enthielten. Der Fußboden der Kapelle wurde mit weiß-rotem Ziegelpflaster ausgelegt, das die Firma HART-Keramik in Waldsassen eigens hierfür angefertigt hatte. Zwei Fenster und die Eingangstüre wurden eingesetzt (zwei andere Zugänge waren bereits zugemauert), ein neuer Altar aufgestellt und an der Wand dahinter die Figuren des gekreuzigten Heilands und der beiden Schächer auf dunkelgehaltenen Holzkreuzen angebracht.

27. Station - Kreuzkapelle im Hintergrund 28. Station - Kreuzabnahme und Maria Loreto

Dr. Hatto Zeidler bei Proportionsstudien in der ausgeraubten und geschändeten Kreuzkapelle. 8. November 1997.

Kreuzkapelle während der Restaurierung

Herr Dr. Zeidler freut sich darauf, auch noch die Skulpturen Mariens, des Johannes und der Magdalena schaffen und damit die Kreuzigungsgruppe vollenden zu können; die frühere war, wie er anhand von Abbildungen feststellte, „großartig, sowohl in der Reichhaltigkeit an Figuren und deren Größe als auch vom Ausdruck und der Qualtiät der (7) Einzelfiguren, eine Komposition von barocker Raffinesse und nicht alltäglich".

Dr. Hatto Zeidler mit den Helfern beim Anbringen der Christus-Figur

23. Station - Jesus tröstet die weinenden Frauen von Jerusalem

Die 1993 und 1999 gemeinsam renovierten Stationen Nr. 23 und Nr. 24 wurden anstelle der ursprünglichen, mit lebensgroßen, holzgeschnitzten, buntbemalten, nach der Vertreibung der Deutschen abhanden gekommenen…

24. Station - Jesus fällt zum drittenmal unter dem Kreuze

...Holzfigurengruppen mit farbigen Abbildungen hiervon und anstelle der ursprünglichen Holzzäune mit Eisengittern versehen.

Im Bestreben, die Wallfahrtsanlage am „Heiligen Berg" möglichst wieder so herzurichten, wie sie einmal war, wurde inzwischen begonnen, die abgerissenen Kreuzwegstationen Nr. 25, „Die Henkersknechte entblößen Jesus und geben ihm Wein, mit Galle gemischt, zu trinken", und Nr. 26, „Jesus wird ans Kreuz genagelt" (Bild unten), wieder aufzubauen. Auch an die Wiedererrichtung der 22. Station, des „Gerichtstores" (Bild rechts unten), ist gedacht.

Die Restaurierung der Kreuzgänge und Eckkapellen von Maria Loreto wird weiter zügig fortgesetzt. Im übrigen ist vorgesehen, auch das Friedhofsgelände zu sanieren und neu zu gestalten.

Den von Mammersreuth nach Maria Loreto führenden Fußpilgerpfad wollen die Städte Waldsassen und Eger/Cheb als Kulturlehrpfad ausgestalten: auf deutscher Seite werden drei deutsch und tschechisch beschriftete Informationstafeln angebracht, die - u.a. anhand historisch bedeutsamer Abbildungen - den Zustand von Maria Loreto vor und nach dem Wiederaufbau, die Geschichte der Gebiete diesseits und jenseits der deutsch-tschechischen Grenze sowie - kartographisch - die Gebiete des Egerlandes und des Stiftlandes aufzeigen (Bild rechts oben).

22. Station - das „Gerichtstor". Daneben Haus Nr. 28, Altkinsberg, „Ban Tauubeckn", Besitzer Wilh. Fischer, dessen Vater bis zur Jahrhundertwende dort eine Bäckerei betrieb - alte Aufnahme, alles zerstört

Loreto-Echo – Loreto-Splitter

Aus dem Vatikan

an Elfriede Bidmon:

„...Zugleich darf ich Ihnen freundlich mitteilen, daß der Heilige Vater für dieses Zeichen der Wertschätzung und der Verbundenheit sowie für die aufmerksame Gabe aufrichtig dankt..."
Die Übergabe dieses Loreto-Büchleins an den Heiligen Vater, Papst Johannes Paul II., übernahm freundlicherweise der Erzbischof von Loreto/Italien, Mons. Pasquale Macchi (Sommer 1996).

Aus dem Palazzo Apostolico in Loreto/Italien

an Elfriede Bidmon (Übersetzungen):

„...Unendlichen Dank für Ihre freundliche Überlassung des Buches über Maria Loreto...Ihr Pasquale Macchi".
„...Vielen Dank, daß Sie mir soviel über Maria Loreto in Hroznatov berichtet haben. Danke für Ihren wichtigen Beitrag zu guten deutsch-tschechischen Beziehungen...Ihr Pasquale Macchi".
Erzbischof Macchi wurde das Loreto-Büchlein anläßlich seines 50jährigen Priesterjubiläums im Sommer 1996 überreicht.

„...Herzlichen Dank für die wertvolle Veröffentlichung, die die Hingabe Ihres Volkes zur Madonna von Loreto bezeugt. Rühren wir die Herzen, daß die Mutter ihre Kinder aufs neue vereint... +Angelo Comastri" (Erzbischof von Loreto, 08.06.1998)

Aus der Zeitschrift des größten marianischen Wallfahrtsortes der Welt

„Il Messaggio della Santa Casa", Loreto/Italien, Ausgabe 7/8 1996, von Generaldirektor Pater Giuseppe Santarelli über Maria Loreto (Übersetzung):

„...Jetzt, nach dem Zusammenbruch des kommunistischen Regimes, sind die Gnadenkapelle und die umliegenden Bauten auf Initiative des Ingenieurs Anton Hart und Oberbürgermeisters Otakar Mika wieder aufgebaut worden; und sie sind wiedererstanden, um ein lebendiger Ort der Verehrung zu sein. Elfriede Bidmon hat eine interessante Studie veröffentlicht..."

Aus Maria Loreto

anläßlich der Einweihung der Heilig-Geist-Kirche am 6. Oktober 1996:

Bischof František Radkovský, Pilsen:
„...Was hier geschehen ist, ist christliches Leben. Maria Loreto soll künftig ein Ort der Versöhnung und des Verzeihens sein..."

Domkapitular Georg Strupf, Regensburg, ein gebürtiger Egerländer aus Königsberg bei Falkenau:
„...Ich habe Maria Loreto 1990 gesehen, und es grenzt schon an ein Wunder, daß diese bereits verfallene Wallfahrtsstätte durch die Initiative von Direktor Anton Hart und seinem Förderverein wieder auferstanden und mit neuem Leben erfüllt worden ist..."
Domkapitular Strupf überbrachte Grüße des Diözesanbischofs Manfred von Regensburg.

Ing. Anton Hart, 1. Vorsitzender des Loreto-Vereins:
„...Daß wir dieses große Ziel erreicht haben, verdanken wir der großen Spendenfreudigkeit der so vielen Freunde von Maria Loreto. Dafür möchte ich ihnen ein herzliches „Vergelt's Gott!" sagen... Der Wiederaufbau von Maria Loreto ist ein Musterbeispiel deutsch-tschechischer Zusammenarbeit. Die Brücke, das Wesentliche für unser Miteinander, ist der Glaube. Möge Maria Loreto dazu beitragen, daß dieses Fundament des Glaubens neu erstehe und wachse..."

Oberbürgermeister Otakar Mika, Cheb/Eger:
„...Die Denkmäler reparieren sich leichter als die Beziehungen zwischen den beiden Völkern. Wir brauchen solche Symbole, das sind Meilensteine auf unserem gemeinsamen Weg..."

Aus Briefen...

...an Ing. Anton Hart, Waldsassen:

„...Maria Loreto ist zum Symbol der Heimatliebe geworden, das mit Ihrem Namen immer verbunden bleibt..."

„...ist es fast unvorstellbar, was Sie mit Hilfe Ihres Vereins aus den verfallenen Ruinen wieder geschaffen haben. Es grenzt fast an ein Wunder..."

„...Nur durch Zufall hörten wir von dem Loreto-Heiligtum bei Eger. Was wir zu Gesicht bekamen, hat uns einfach überwältigt. Ihre Begeisterung für diese Marienstätte hat uns angesteckt..."

„...Wir alle haben Tränen der Rührung und der Freude vergossen, als nach fünfzig Jahren erstmals die Glocken von Maria Loreto wieder läuteten..."

„...Maria Loreto – Schon als Kind habe ich von unseren Feldern am Rand des Kaiserwaldes zwischen Miltigau und Teschau aus die zierlichen Türme dieser bekannten Gnadenstätte immer wieder gerne gesehen. Mit Freude habe ich festgestellt, daß dieser dem Verfall und der Zerstörung preisgegebene Wallfahrtsort zu neuem, herrlichen Leben wiederersteht. Sie schaffen damit ein bleibendes, leuchtendes Denkmal der Versöhnung und des christlichen Glaubens unter den Völkern in Europa..."

„...In deutlicher Erinnerung sind mir die Anbetungsstunden in der Gnadenkapelle während der Kartage und die Gottesdienste in der Wallfahrtskirche, wo ich als Knirps öfter neben meinem Vater auf der Empore inmitten des Kirchenchores stehen durfte..."

„...Die verfallene Wallfahrtskirche Maria Loreto erstrahlt inzwischen nicht nur wieder in altem Glanze, sie ist vielmehr durch Ihren unermüdlichen Einsatz noch schöner, leuchtender und nicht zuletzt dadurch auch wieder zu einer Stätte der Begegnung geworden..."

„...Insbesondere bin ich glücklich darüber, daß mein Wallfahrtskreuz in der Gnadenkapelle einen würdigen Platz gefunden hat..."

„...welch große Freude: das Hl. Grab war wieder hergestellt. Schon als es noch geschundene Ruine war, zog es mich an diesen zauberischen Ort..."

„...Was Sie und Ihr Verein zur Erhaltung und Förderung der Wallfahrtskirche Maria Loreto seit 1990 geleistet haben, ist eimalig und zeugt von einer tiefen Frömmigkeit und Heimatverbundenheit!"

...an den Loreto-Verein, Waldsassen:

„...In den Jahren nach der Vertreibung stand ich bei jeder Gelegenheit bei Hatzenreuth und betrachtete mit dem Fernglas meine gegenüberliegende Pfarrkirche. Im Sommer 1991 war ich einer der ersten, die nach Maria Loreto fuhren. Ich gestehe, daß ich zu jenen gehörte, die damals lieber einen Bagger bestellen wollten. Meine Hochachtung, meinen Dank für Ihren Mut und die große Aufbauleistung..."

„...Für Sie und Ihre Mitarbeiter und Helfer wünschen wir Gottes reichsten Segen für das Gelingen der Erhaltung von Maria Loreto..."

„...Voll Freude können wir im erneuerten Haus der Gottesmutter Station nach altem Brauch machen. Da dies nach 54 Jahren zum 1. Mal wieder sein kann, ist dieser Tag wie ein Wunder – eine segensreiche Fügung – für uns..."

...an Elfriede Bidmon, Rednitzhembach:

„...Wenn der Oberbürgermeister der Stadt Cheb (Otakar Mika) schreibt: 'Der Wiederaufbau von Maria Loreto ist ein Musterbeispiel deutsch-tschechischer Zusammenarbeit', dann wird deutlich, was hier erreicht wurde ... Ihr Edmund Stoiber" (Bayerischer Ministerpräsident, 17.02.1998)

„...Seine Frau, katholisch, sah es als ein Wunder an, daß er, evangelisch, mit ihr in die Kirche ging und daß gerade er die große Glocke läutete..."

„...Mein Besuch war der erste seit über fünfzig Jahren. So ist mir die Heimat wieder ein bißchen näher gerückt... Auch Sie haben viel Licht an und in diese Stätte gebracht. Etwas stimmt mich allerdings traurig. Es gibt kein Wiedersehen mehr in Maria Loreto, eine so weite Fahrt kann ich nicht wieder machen...Grüßen Sie mir das Egerland!..."

„...Sie haben uns diese Wallfahrtsstätte, die wir nur vom Hören und Sagen kannten, richtig nahegebracht und dafür danken wir Ihnen..."

Aus dem Gästebuch von Maria Loreto:

Nicht nur aus Deutschland und Tschechien finden Gläubige ihren Weg zur Gnadenstätte, pilgern sie nach Maria Loreto. Auch aus Belgien, Dänemark, England, Frankreich, Holland, Italien, Kroatien, Österreich, Polen, Portugal, Schweden, Spanien, Ungarn, der Schweiz, Slowakei, Ukraine sowie aus Australien, Indien, den USA, aus Puerto Rico und Zaire sind Besucher nach Maria Loreto gekommen.

„Maria Loreto - Symbol für Frieden" - so heißt der Titel der Sendung an Silvester 1995 im WDR. Möge Maria Loreto immer ein Ort des Friedens sein, und möge es weiterhin so gute Menschen geben, die sich so selbstlos dafür einsetzen."

Gudrun Schmidt

„Musik ist die Brücke zwischen Himmel und Erde. Möge die Orgel zum Lob Gottes und zur Freude und Erbauung der Christen erklingen!"

Siegfried Herrmann, Würzburg - Maria Loreto

„...Bei meinem ersten Besuch in Maria Loreto 1997 habe ich die Begeisterung der Leute gespürt, die dieses Werk des Wiederaufbaus und der Versöhnung in Angriff genommen haben. Von dieser Begeisterung erfaßt, wäre es mir als Bildhauer eine Freude, zu dieser Wallfahrtsstätte etwas beitragen zu können, nach der sich schon meine Wildsteiner Großmutter aufgemacht hat..."

Dr. Hatto Zeidler

„...Möge dieses Haus stets ein Haus Gottes sein, erfüllt mit Leben, nie ein Museum. Wir sind das Volk Gottes!... "

Pf. Kreuzberg, Klingenthal

„...Möge Gott auch in den Herzen des tschechischen und deutschen Volkes Wohnung nehmen..."

Pf. im BGS H.J. Vogelpohl

„...sind wir von der Christkönigs-Pfarrei von Roßtal, Diözese Eichstätt, hierhergekommen, um bei Maria zu sein, unserer himmlischen Mutter. Das hl. Haus von Loreto, das Haus der heiligen Familie soll Vorbild sein für unsere entchristlichten Familien, daß doch wieder gebetet werde und christliches Leben wachse..."

Pf. Josef Zottmann

„...Die Jahrgänge1928-1931 des Egerer Gymnasiums haben ihre Heimat besucht und hier den Höhepunkt der Erinnerung gefunden..."

Dr. Herbert Fleissner

„...Ein Besuch auf dem Hl. Berg zeigte uns, was Liebe zur Heimat und unserem christlichen Glauben vermag..." *Dr. Smetana*

„...Das Lehrerkollegium der Leonhard-Kern-Realschule Schwäbisch Hall wünscht Maria Loreto eine gottbefohlene Zukunft..." *Kristian Neidhardt*

„...Die Wallfahrer aus Eger sind froh, daß sie heute am Rosenkranzweg gebetet haben. Von der Kappel (bei Waldsassen) ist Maria Loreto sichtbar. Wir sind uns immer nahe. Der Glaube an Gott macht uns zu Brüdern und Schwestern." *P. Filip Zdenek Lobkowicz, O. Praem., Pfarrer in Eger und Administrator der Pfarrei Altkinsberg - 28. Okt. 1997*

Tschechische Stimmen (Übersetzungen):

„Wir beten um Wiederversöhnung der Deutschen und Tschechen." *Pfarrei Hl. Michael, Ostrov n. Ohři, mit P. Jiři Mayer und 30 Gläubigen, Dr. Kopecký, Vavroušek, Jankovský, K. Jankovská, Ostrov*

„Vielen Dank allen Spendern und Wohltätern dieses Wallfahrtsortes! Es gibt immer viel zu renovieren, hauptsächlich auch uns selbst." *OPraem. Baxant, Rektor des Seminars Praha*

„Wir danken für diese Leistung hier, auch für die nächsten Generationen; was haben wir alles vernichtet, vor allem auf geistlichem Gebiet..." *J. Pasl, Kynšperk; Jan Takl, Plzeň; Vasik Maruška a Martička, Plzeň*

„Wir danken dem lieben Gott für die Freiheit, die er unserem Land gegeben hat, und wir danken auch allen Spendern, die am Wiederaufbau der Kirche beteiligt sind." *Ivana Fraňková a Marie Fraňková, Franěk*

„Ich habe diese Loreto-Kirche in den Jahren 1971 bis 1989 mindestens 20mal besucht und den Verfall und die stufenweise Vernichtung gesehen. Wer sie in dem Zustand vor 1990 gesehen hat, der wird das alles hier nicht glauben. Ich danke allen für diese große Leistung." *Ladislav Jakl, Praha*

„Ich habe heute Geburtstag und bin hier in Loreto. Sie haben mir ein schönes Geschenk gegeben. Es ist wieder ein Stück unseres Landes schöner geworden und es wird allen Menschen Freude machen." *Eva Neumannová, Praha*

„Wir wünschen den Bauleuten viel Erfolg bei der lobenswerten Arbeit. Mögen ihnen die hier nistenden Schwalben viel Glück bringen." *Touristen aus Sokolov und 4 Frauen aus Chodov*

Jsme jeden Boží lid a můžeme být
staviteli mostů přátelství, usmíření
a porozumění mezi našimi národy.
Je k tomu třeba navazovat
přátelství mezi rodinami, mezi jednotlivci
i mezi obcemi přes hranice a tím budovat
vzájemnou důvěru a odstraňovat před-
sudky. Je dále třeba znát společnou
historii s jejími klady a zápory, a-
bychom se mohli podělit s úspěchem
na hojení zranění z minulosti. A
je též potřebné, aspoň podle hou
se učit jazyk sousedů, abychom mohl

Der Glasschrein mit Miniaturnachbildungen von Stationen des Großen Kreuzwegs in Kinsberg

geschaffen von Caspar Jäger, Königsberg a.d. Eger (19. Jh)

Caspar Jäger (1819 bis 1897) erlernte früh das Zimmererhandwerk, die sog. „Zimmerkunst“, widmete sich aber sehr bald ganz dem Baugewerbe. Er legte beim Kreisingenieur Schollmayer in Eger die Baumeisterprüfung und dann – nach einem ½ jährigen Studium – in Prag die Staatsprüfung im Architektur- und Hochbaufach ab, worauf ihm der sehr ehrenvolle Titel „Landesbefugter Baumeister“ verliehen wurde. Zu seinen hervorragenden Arbeiten zählte u.a. der Bau eines Turmes der Egerer Erzdekanalkirche – hierfür bekam er von der Stadt Eger einen goldenen Siegelring – und das Theater in Franzensbad. Trotz all seiner vielfältigen Aufgaben – er gründete auch den Deutschen Ingenieur- und Architektenverein in Böhmen – widmete er sich mit Leib und Seele der Schnitzkunst, wobei ihm der Große Kreuzweg in Maria Loreto besonders am Herzen lag.

In seiner Jugend ging Caspar Jäger oft von seinem Heimatort Königsberg nach Maria Loreto und fertigte dort Skizzen von Stationen des Großen Kreuzwegs an, die er dann zuhause in kleinem Maßstab wirklichkeitsgetreu und sehr kunstvoll nachschnitzte und in den von ihm angefertigten Glasschrein einbaute (Bild links).

Frau Leni Höller, eine Enkelin des Künstlers, hielt im Jahre 1955, 84-jährig, schriftlich fest, was dieser ihr hierzu immer wieder erzählt hatte (hier etwas gekürzt wiedergegeben):

„Um die Stationen des Kreuzwegs möglichst genau nachzuschnitzen, wanderte ich 14 Mal zu Fuß von Königsberg nach dem idyllisch gelegenen Lorteo, dem berühmten Wallfahrtsort in Altkinsberg. Einige Stücke trockenen Brotes als Wegzehrung im Ränzel, zog ich gleich hinter meinem Heimatorte die Stiefel aus und hängte sie mir über den Rücken. Die Sohlen mußten doch gespart werden, denn ich hatte einen langen Weg vor mir. Am Ziel angekommen, begann ich, nach einer kurzen Andacht, die betreffende Station zu skizzieren und Detailzeichnungen davon zu machen. Der Rückweg machte mir keine Mühe mehr, ich war durchdrungen von dem Gedanken, mit meiner Hände Arbeit etwas Schönes zu vollbringen. Daheim begann ich dann mein Werk, das oft Monate dauerte.“

Ergänzend vermerkte Frau Höller u.a., wie das Kunstwerk ihres Großvaters nach dem 2. Weltkrieg in den Besitz des Museums von Königsberg gelangt sei.

Das links abgebildete Foto des Glasschreins mit den Kreuzwegstationen wurde von Herrn Dr. med. Hamperl im Jahre 1990 jedoch im Museum in Falkenau/Sokolov aufgenommen.

Maria mit dem Kind vor dem Hauptportal - Zielscheibe kommunistischer Grenzsoldaten

Beitrittserklärung

Ich möchte gerne Mitglied beim Verein zur Erhaltung und Förderung der Wallfahrtskirche „Maria Loreto“ in Altkinsberg, Egerland e.V. (c/o Anton Hart, Stationsweg 46, 95652 Waldsassen) werden.

Name | Vorname | Geburtstag

PLZ | Wohnort | Str. und Hs.Nr.

Ich bin damit einverstanden, daß der Jahresbeitrag in Höhe von 30,– DM jeweils von meinem unten aufgeführten Konto eingezogen wird.

Name und Anschrift der Bank

Konto-Nr. | Bankleitzahl

Ort, Datum | Unterschrift

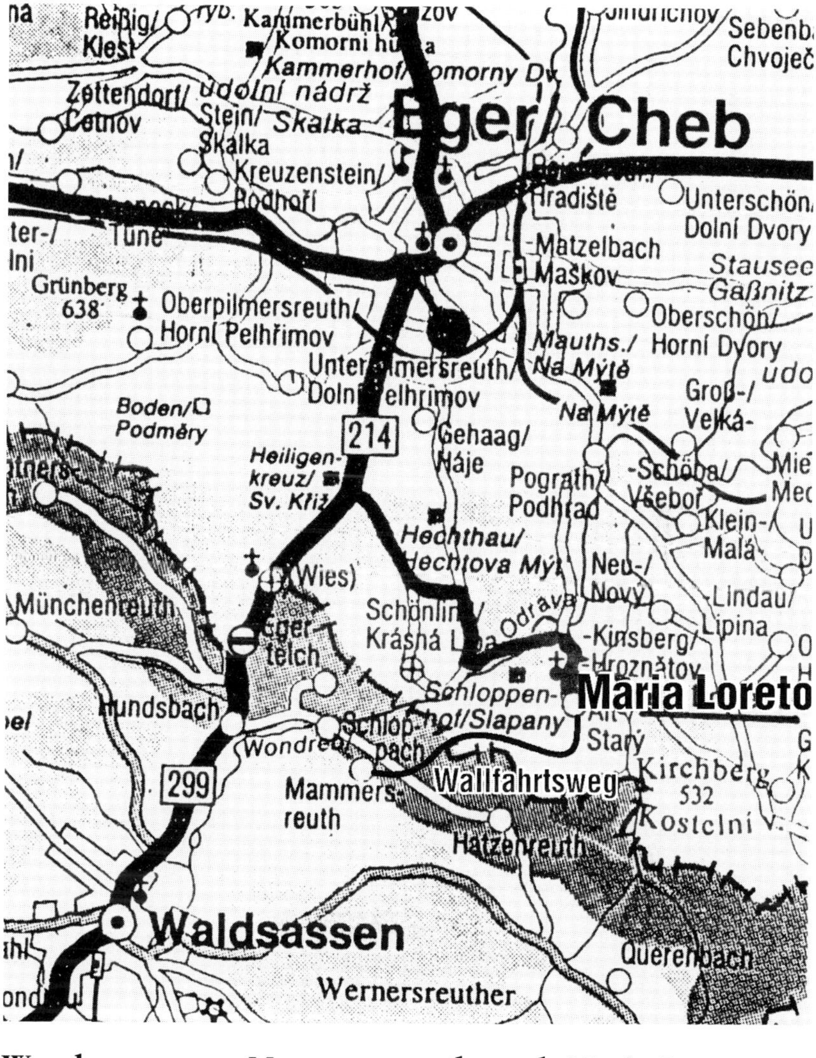

Wanderweg von Mammersreuth nach Maria Loreto:

Der Grenzübergang ist vom 01. Oktober bis 31. März von 8.00 bis 18.00 Uhr und vom 01. April bis 30. September von 6.00 bis 22.00 Uhr für Fußgänger und Radfahrer geöffnet. Personalausweis ist mitzuführen.

Spendenkonto zur Erhaltung von Maria Loreto

Stadtsparkasse Waldsassen (781 515 10), Konto Nr. 220715
Stichwort: „Loreto Kirche“

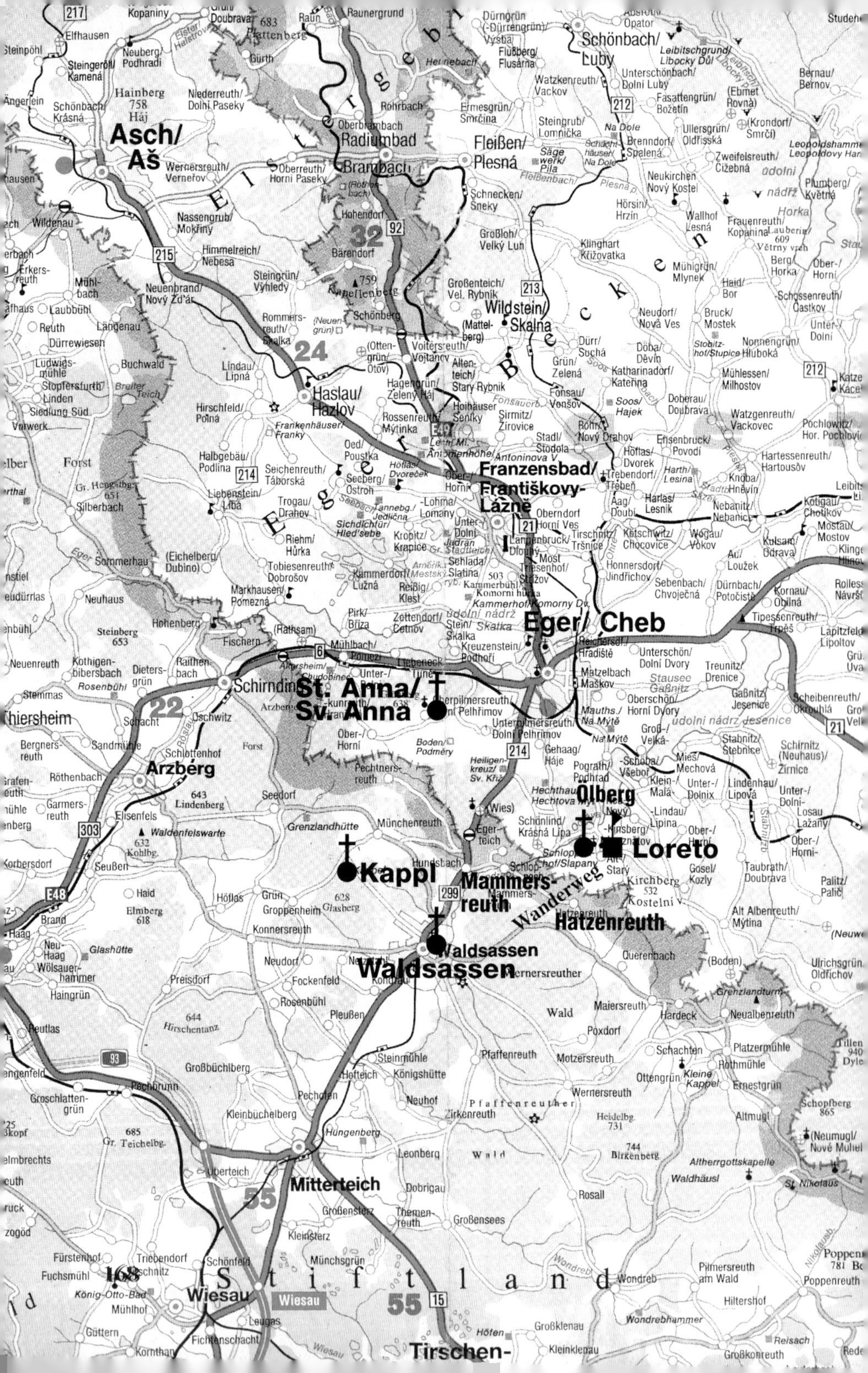

Elstergebirge
Egerer Becken
Stiftland
Asch/ Aš
Radiumbad Brambach
Fleißen/ Plesná
Schönbach/ Luby
Wildstein/ Skalna
Haslau/ Hazlov
Franzensbad/ Františkovy-Lázně
Eger/ Cheb
St. Anna/ Sv. Anna
Schirnding
Arzberg
Ölberg
Loreto
Kappl
Mammersreuth
Hatzenreuth
Waldsassen
Wanderweg
Mitterteich
Wiesau
Tirschen-
Leibitschgrund/ Libocky Důl
Neukirchen/ Nový Kostel
Haid/ Bor
Katharinadorf/ Kateřina
Soos/ Hajek
Seeberg/ Ostroh
Lohma/ Lomany
Kammerdorf/ Lužná
Pomezí
Konnersreuth
Neualbenreuth
Großbüchlberg
Pechbrunn
Leonberg
Pfaffenreuth
Rosall
Wondreb
Pilmersreuth am Wald
Poppenreuth
Hohenberg
Neuhaus
Silberbach
Thiersheim
Seußen
Brand
Fuchsmühl
Schönfeld
Großensees
Kleinsterz
Münchsgrün

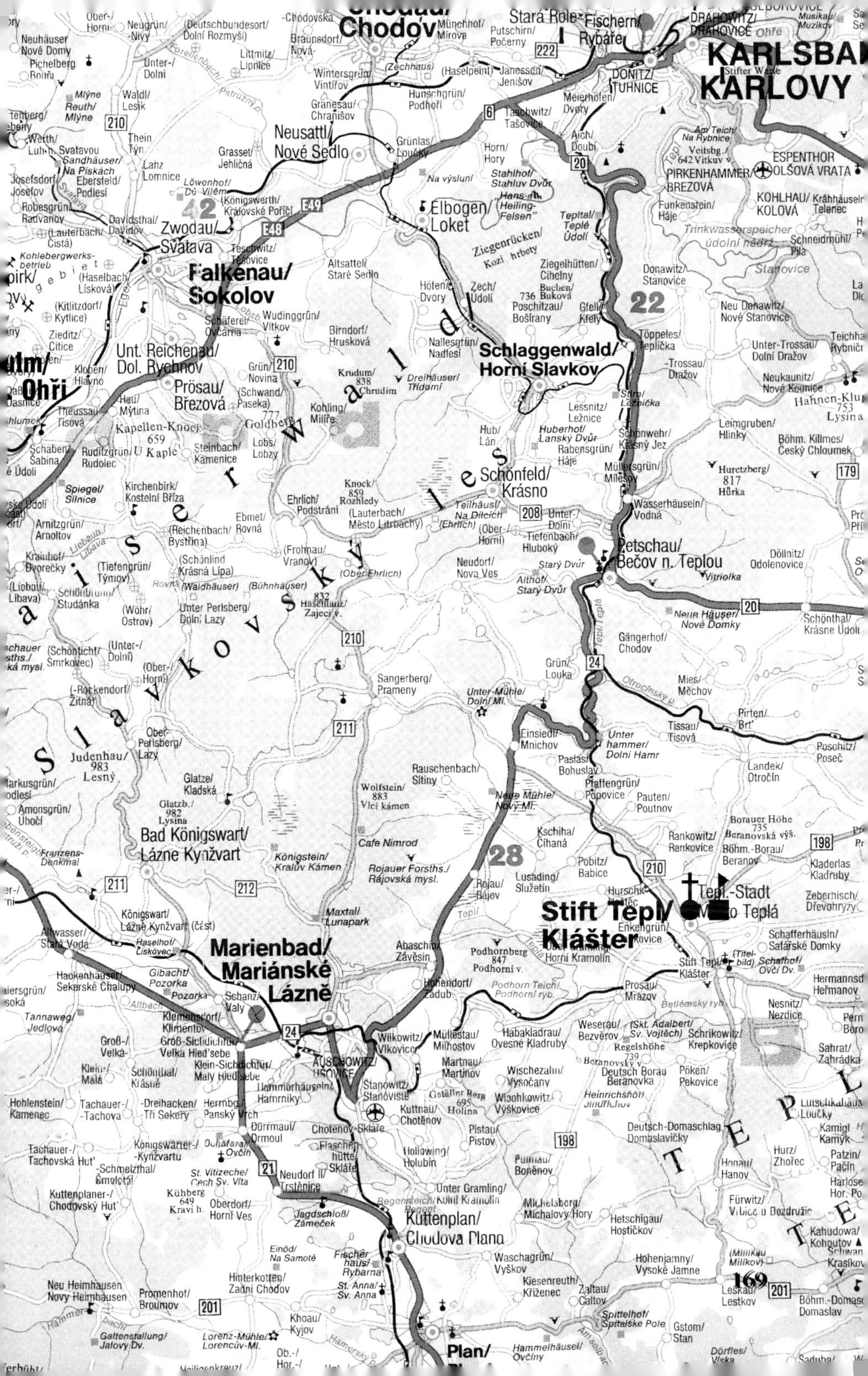

Chodau/ Chodov
Karlsbad/ Karlovy Vary
Neusattl/ Nové Sedlo
Elbogen/ Loket
Zwodau/ Svatava
Falkenau/ Sokolov
Unt. Reichenau/ Dol. Rychnov
Prösau/ Březová
Schlaggenwald/ Horní Slavkov
Schönfeld/ Krásno
Petschau/ Bečov n. Teplou
Sangerberg/ Prameny
Bad Königswart/ Lázne Kynžvart
Marienbad/ Mariánské Lázně
Stift Tepl/ Klášter
Tepl.-Stadt/ Město Teplá
Kuttenplan/ Chodova Plana
Plan/
Slavkovský les
Kaiserwald
Pirkenhammer/ Brezová
Espenthor/ Olšová Vrata
Kohlhau/ Kolová
Funkenstein/ Háje
Donawitz/ Stanovice
Töppeles/ Teplička
Rauschenbach/ Sítiny
Einsiedl/ Mnichov
Wolfstein/ 883 Vlčí kámen
Judenhau/ 983 Lesný
Glatzb./ 982 Lysina
Cafe Nimrod
Königswart/ Lázně Kynžvart (část)
Auschowitz/ Úšovice
Podhornberg 847 Podhorní v.
Pflaffengrün/ Popovice
Deutsch-Domaschlag/ Domaslavičky
Hohenjamny/ Vysoké Jamne
Promenhof/ Broumov
Einöd/ Na Samotě
E48
E49
6
20
21
24
169
179
198
201
208
210
211
212
222

Wallfahrtskirche Maria Loreto nach dem Wiederaufbau, Okt. 1994

Die Lust zu „formulieren"

– Eine kleine Blütenlese aus der Pfarr-Chronik –

Was mich beim Lesen der Chronik immer wieder faszinierte, in ein Bad der widersprüchlichsten Gefühle stürzte, waren die oft akribisch genauen und doch so von Herzen kommenden Schilderungen von Vorkommnissen, die auch die Chronisten sichtlich bewegten. Da sah ich sie dann vor mir, die Seelsorger, wie sie abends im Schein der Petroleumlampe, vielleicht mit einem Glas Wein neben sich und die Pfeife schmauchend, in der Stube saßen und die Ereignisse des vergangenen Tages in der Chronik niederschrieben: heiter, nachdenklich oder fassungslos, aber oft mit einem kleinen Augenzwinkern - und doch in lebendigen, gefühlvollen Formulierungen schwelgend.

Da verspürte ich beim Lesen schon Mitleid

- mit einem „ciconia generis masculini", einem Storch männlichen Geschlechts, der im Jahre 1877 zwischen den Ortschaften Wies und Schönlind bei einem „Karpfendiebstahl" erschossen wurde, wobei der „Mörder" auch die ganze Brut auf dem Altkinsberger Schloßturm zerstörte, weil die Storch-Mutter allein das Brüten und „Futragiren" nicht zugleich besorgen konnte,
- und mit einer Kalbin und einem Schwein, die ausgerechnet „am Tag des Hl. Erzengels Michael", am 29.9.1862, nachts bei einem Hofbrand ums Leben kamen.

Und ich teilte das tiefe Mitgefühl und Entsetzen des Chronisten über den gewaltsamen Tod des Flaschnergesellen Engelbert, den alle nur „Engel" nannten und der eines Nachts von einem beim Brotstehlen im Backofen überraschten Dieb mit einem Schuß in das linke Auge so schwer verletzt wurde, daß „Engel ein schreckliches Stöhnen vernehmen ließ... und endlich gegen 4 Uhr morgens verschied".

Insbesondere bei der Schilderung von Todesfällen wußte ich manchmal nicht, ob mir das Opfer oder ich mir selbst leid tun sollte, weil die Art der Schilderung in mir nicht mehr den gebotenen Ernst aufkommen ließ:

- Beim Wurzelsammeln zum Besenbinden wurde im Jahre 1835 „eine aufgehängte, unbekannte und bisher noch nicht bekannte Mannsperson aufgefunden..etwa 150 Schritte von dem dort aufgestellten Bilde

St.Eustachius..." U.a. trug der Tote bei sich: „Ein Stückchen Brod in einer hinteren Rocktasche, in einer vorderen Seitenrocktasche ein schwarzes, seidenes Vorhemdl, ein rothes seidenes gelbgeblümtes Halstuch und in einer Westentasche etwa einen kleinen Schuß Schießpulver...".

- „Er lag, eine Schnapsflasche in der Rocktasche bergend, am Abhange des Schnapsladens. Ein Sturz über mehrere Stufen und den Abhang hatte seinem Leben ein jähes Ende gegeben."

Freude und Stolz sprachen aus den Zeilen der Chronisten, wenn diese Erfolg hatten, Hintergründigkeit und Listigkeit, wenn sie ihre Pfarrkinder immer wieder zu neuen Spenden für die Kirche bewegen konnten, festes Gottvertrauen, wenn sie die Heilserwartungen schilderten, die die „Gutthäter" mit ihren Spenden verbanden:

- Eine Spenderin bezahlte 1850 mit Freuden für die Kirche eine Rechnung „voll der Hoffnung, der allmächtige und gerechte Vergelter jeder edlen That werde das Verdienst dieses guten Werkes der armen Seele ihres verstorbenen Gatten zuwenden".
- Eine Wohltäterin, die an Abzehrung litt und „endlich" im November des Jahres 1855 verstarb, äußerte auf dem Krankenbett den Wunsch, den Zacharias-Altar im Kreuzgang auf ihre Kosten neu herstellen zu lassen. „Der Gatte, welchem der letzte Wille seiner guten Gattin heilig war, wollte mit der Erfüllung desselben umso weniger zögern, da ja die Ausführung dieses frommen Werkes zur Beschleunigung des Eintritts der verstorbenen Wohlthäterin in das Reich der Glorie beitragen konnte..."
- „Auch versäumte ich es nicht, die bereits aufgetretenen Wohlthäter anzurühmen, wohl wissend, daß dies das beste Mittel sey, andere zur Nachfolge aufzustacheln, um eines gleichen Lobes theilhaftig zu werden..."
- Ein Wohltäter, der mit seiner Spende, einem Himmel, „einem schreienden Bedürfnisse unserer Kirche abhalf", wollte Geheimhaltung, „was ich ihm aber ausredete und darauf bestand, die Sache öffentlich zu machen, damit andere, die in gleich guten und vielleicht noch besseren Verhältnissen stehen, die aber gleichwohl jeder Kreuzer reuet, den sie zur Ehre Gottes verwenden sollen, heilsam beschämt werden möchten".

Ich mußte schmunzeln

- über eine Schilderung, in der sich der Pfarrer 1859 den ganzen Frust von der Seele schrieb: „..Obschon der Dachstuhl sammt der Blecheindeckung erst im Jahre 1851 ganz neu hergestellt wurde, so kann man doch mit gutem Gewissen sagen, daß wohl schwerlich je ein erbärmlicheres Blechdach hergestellt wurde. Denn nun hatte die Kirche ein Dach gleich einem Siebe..Eine Untersuchungskommission gab dem versoffenen Klempner, der die erbärmliche Arbeit geliefert hatte, den Auftrag, die Fugen des Blechdaches noch einmal zusammenzuschlagen; derselbe kroch auch wirklich einige Tage auf dem Dache umher, aber... der erste Regen war nach wie vor in Hunderten von nassen Flecken an der Decke der Kirche zu lesen, und diese Flecken werden ein sprechendes Denkmal bleiben für die Erbärmlichkelt eines Akkordbauers."

- über den Bericht eines Hofbrands in Gosel. Die Bauersleute, „die abends spät von einem auswärtigen Besuche zurückgekommen waren, lagen deshalb in tiefem Schlafe und liefen Gefahr, in den Flammen, die bereits das Wohnhaus ergriffen hatten, umzukommen. Zum Glück hatte ein Knecht, der vom Wirtshaus nach Hause ging, den Einfall, da der Bauer auf sein Rufen 'Stehen Sie auf, es brennt bei Ihnen!' sich nicht rührte, einen Stein ans Fenster zu werfen..Einige in Altkinsberg haben nicht einmal ausgegangen, daß es brennt und haben deshalb sich geärgert am anderen Tage über die Feuerwehr, daß nicht stärker geblasen wurde".
- über die Schadenfreude des Seelsorgers, weil ein Cooperator in Kinsberg keine große Freude hatte und „schon im folgenden Jahre um Uibersetzung nach Wies einkam, wohin er denn auch zur Freude des hiesigen Pfarrers am 31.10.1857 abging", und weil ein anderer Cooperator zur Jurisdiktion nach Dreihacken sollte, „wohin er nach 4 wöchentlichem Sträuben doch wider seinen Willen sehr ungern absegeln mußte".

Und ich freute mich über das Glück, das Sr. Eminenz Fürsterzbischof und Cardinal Friedrich von Schwarzenberg anläßlich der Firmung 1864 in Altkinsberg zuteil wurde. Als er die Schulkinder einer Schulprüfung unterzog und sie nach dem Inhalt seiner zuvor in der Kirche gehaltenen einstündigen Predigt fragte, „da verklärte sich in der That sein Angesicht über die trefflichen Antworten der Kinder, von denen viele sogar seine eigenen Worte wiedergaben..Als endlich das Töchterlein des hiesigen Bräumeisters die Schlußrede hielt, welche mit einem gemeinschaftlichen Gebete sämmtlicher Kinder endete, da wurden Se. Eminenz so gerührt, daß ihm die Thränen aus den Augen perleten, und er noch 5 Minuten lang nicht antworten konnte und das Angesicht mit seinem weißen

Taschentuche verdeckte…"
Lust zu „formulieren" verspürten offensichtlich auch die Kinsberger Gemeindeväter. Wenn einmal die Volksseele so richtig kochte, hielten sie schon deftig mit. Und Pfarrer Michael Mareth, dem Mann der frommen Worte, bereitete es sicher großes Vergnügen, als er einen von ihnen im Jahre 1880 ausgelösten Streit über das Schicksal von einunddreißig Altkinsberger Alleebäumen in die Chronik aufnahm:

„…Schon seit Jahren waren die eine Allee vom Dorfe Altkinsberg an bis zur Lorettokirche bildenden dreißig Kastanienbäume und eine Linde den Anrainern der Felder ein Dorn im Auge. Viele Worte blieben erfolglos, ja selbst das Anhauen, Anbohren udgl. boshafte Mittelchen vermochten nicht, die kräftigen und gesunden Bäume in kurzer Zeit zum Absterben zu bringen. In ihrer lieben Not begaben sich die zwei sich durch die Bäume am meisten geschädigt glaubenden Anrainer zum Gemeindevorsteher und verklagten die Allee wegen Schädigung fremden Eigentums. - Der Gemeinde-Ausschuß wurde zusammengerufen und der Hochwohlweise Rath beschloß das Umhauen der 31 Alleebäume und die Anpflanzung neuer Bäumchen…"

Ein Sturm der Entrüstung über dieses „Vandalenwerk" war die Folge. Ein ungenannter Verfasser sandte ein (insgesamt 3-strophiges) Gedicht über die Altkinsberger Alleebäume zur Veröffentlichung an die Egerer Zeitung:

…Eh' wir nun zum Ofen wandern,
Und das End' des Daseins schauen,
Fragen wir Euch unter andren:
Kann der Baum, der angehauen,
An Stamm und Krone schadlos sein?
Obgleich Botanik Ihr nicht kennt?
So müsst Ihr offen sagen „Nein!"
Und wenn man Andere Narren nennt,
So fällt der Schein auf die zurück,
Die es jetzt verstanden haben,
Uns Verarmte auszugraben...
Die einunddreißig Bäume von Altkinsberg…

Und der Redakteur der Egerer Zeitung schrieb: „…Vom Orte Kinsberg nach der Wallfahrtskirche Loretto führte eine prächtige schattige Allee, bestehend aus 20-jährigen Kastanien. Da beschloß der weise Rath der Gemeindevertretung die lizitatorische Abtreibung dieser Kastanienallee und es fand sich auch Ersteher, der dieselbe unbarmherzig niedermachte und als Brennholz verwendete. Wäre es da nicht angezeigt, gegen einen solchen Gemeindevorstand das vor dem Jahre 1848 in Ungarn übliche Mittel (die Bank) in Anwendung zu bringen?…"

Während der Gemeinderat Altkinsbergs der Egerer Zeitung noch eine gemäßigte Antwort gab, bat er das Stadlers Blatt in Eger um Veröffentlichung folgender Zeilen: „…Unter dem Schlagworte 'Vandalismus' bringt die Egerer Zeitung einen infamen Artikel, der uns nötigt, benanntes Amtsblatt ein wenig aufzuklären… Betrachten wir uns doch einmal das ekelhaft gehässige, dumme Geschreibsel des Egerer Zeitungs-Notizlers… Er schätzt Kastanienbäume von anderthalb bis zwei Fuß Durchmesser auf zwanzig Jahre alt! - Herr! Sind Sie bei Sinnen?! Wäre es nicht vielleicht nötig, Ihr Denkgefühl, das Sie am Hintertheile Ihres Körpers in bescheidener Verborgenheit herumzutragen scheinen, durch eine vormärzlich 1848er ungarische Prozedur insolange zu stärken, bis sich selbes zur Vernunft bequemt?! Wäre Ihnen nicht vielleicht der am wenigsten begehrte Orden der Fünfundzwanzig mit vollstem Rechte auf den .....zu wünschen?! …oder sind Sie sonst für eine gewisse öffentlich erlaubte Versicherungsanstalt vorgemerkt?…"

Abschließend vermerkte Pfarrer Michael Mareth: „Der hochweise Gemeinderath beeilte sich in Folge dessen mit der Anpflanzung von 130 Stück Ahorn- und Eschenbäumchen; setzte dieselben jedoch näher an den Weg." Da stellte ich mir vor, wie er schmunzelnd die Feder niederlegte, sich zufrieden die Hände rieb und die Lampe ausblies - bereit für einen neuen Tag.

Blick über Schloß und Schloßkirche auf Maria Loreto - Dez. 1996

Nachwort

Maria Loreto – Altkinsberg. Sie wecken Erinnerungen in mir, Erinnerungen an eine glückliche und behütete Kindheit, aber auch Erinnerungen an die Kriegszeit und die schreckliche Zeit danach. Im Jahre 1947, ich war gerade zehn Jahre alt, starb meine Mutter, und ich mußte fort zu Verwandten nach Schwabach bei Nürnberg. Seit 1972 lebe ich mit meiner Familie in Rednitzhembach. Aber immer wieder zieht es mich zur Grenze hin.

Eine glückliche Fügung war es für mich, daß ich anläßlich eines solchen Besuches in Waldsassen den Vorsitzenden des Fördervereins der Wallfahrtskirche Maria Loreto, Ing. Anton Hart kennenlernen durfte. Durch ihn erfuhr ich erstmals von der Existenz des Gedenk-Buches der Pfarrei Kinsberg. Er war es auch, der mir die Möglichkeit bot, in dieses Gedenk-Buch Einblick zu nehmen. Und was die Altkinsberger Seelsorger in einem Zeitraum von etwa 300 Jahren in diesem Buch aufgezeichnet hatten, ergriff, fesselte, faszinierte mich. Ja, es ließ mich von da an nicht mehr los, bis ich mir vornahm, die beim Lesen dieser Aufzeichnungen erlebte, so lebendige Geschichte der Wallfahrtsstätte Maria Loreto und meines Heimatortes Altkinsberg niederzuschreiben, zu erzählen, was die Menschen bewog, diese Wallfahrtsstätte zu errichten, welche Schwierigkeiten sie hatten, diese zu erbauen, zu erhalten und mit Leben zu erfüllen, und warum diese doch verfallen mußte, Ruine wurde.

Als Glücksfall sehe ich es auch, daß Herr Hart mir es ermöglichte, diese Erzählung vom Loreto-Verein veröffentlichen zu lassen. Dafür möchte ich ihm und dem Loreto-Verein hier herzlichst danken. In diesem Zusammenhang darf ich aber auch Herrn StudDir Heinz Wißmüller, Rednitzhembach, vielen Dank sagen für seine Mühe, in zum Teil schwer lesbare, handgeschriebene lateinische Texte der Pfarrchronik Licht zu bringen.

Ganz besonders danken möchte ich jedoch Herrn Ing. Anton Hart für das, was er zum Wiederaufbau Maria Loretos geleistet hat. Ihm ist es zu verdanken, daß Maria Loreto wieder lebt. Er hat es verstanden, die Menschen, Deutsche und Tschechen, zu überzeugen, zu begeistern und mitzureißen und die auf dem Wege liegenden Hindernisse wegzuräumen, damit Maria Loreto wieder das wird, was es einmal war: die strahlende Wallfahrtsstätte zu „Unserer Lieben Frau Maria Loreto".

Ich möchte an dieser Stelle aber auch denen danken, die Herrn Hart und den Förderverein so tatkräftig unterstützt haben, die spendeten und halfen, die Wallfahrtsstätte Maria Loreto wieder aufzubauen, stellvertretend für alle:

Oberbürgermeister Otakar Mika, Eger/Cheb, früher Landrat, dem Bauunternehmen José Koči für den Aufbau, Sr. M. Illuminata Hart, die die Broschüre Altkinsberg-Loreto verfaßte und bei der Gestaltung des Innenausbaus der Muttergotteskapelle mitwirkte, den Stiftern der drei Glocken von Maria Loreto, Ing. Anton Hart, Hermine Hart und Sr. M. Illuminata Hart (Ave-Glocke) sowie Margaretha Bergauer (Gloria-Glocke) und Franz Xaver Sollfrank (Sanctus-Glocke), Robert Treml, der die Gedenkschrift zur Einweihung des wiedererstandenen Wallfahrtheiligtums verfaßte, ferner Erwin Sommer und seinen Helfern für ihren unermüdlichen Einsatz bei der Organisation der Veranstaltungen.

Ein besonderer Dank gebührt dem Präsidenten der Messerschmittstiftung, Dr. Hans Heinrich Ritter von Srbik, für die großzügige Zuwendung zur Renovierung der Muttergotteskapelle sowie dem Bundesministerium des Innern für den namhaften Zuschuß zum Wiederaufbau des Glockenturms.

Die vielen, vielen Spender und Helfer trugen dazu bei, daß Bischof František Radkovský von Pilsen am 1. Oktober 1994 die Muttergotteskapelle feierlich einweihen und tags darauf die Nachbildung der Muttergottesstatue und die drei gestifteten Glocken weihen konnte und daß am 2. Oktober 1994 seit mehr als einem halben Jahrhundert unter dem Jubel von über zweitausend Menschen in Loreto wieder die Glocken läuteten.

Aber es muß noch viel geleistet werden. Maria Loreto braucht noch viele Helfer, noch viele Gönner, sollen nicht all die Opfer, die über Jahrhunderte hinweg bis heute gebracht wurden, umsonst gewesen sein.

Und so freue ich mich, daß auch ich mit dieser kleinen Erzählung für den Wiederaufbau von Maria Loreto einen bescheidenen Beitrag leisten darf, mit einer Erzählung, die Ereignisse und Schicksale aufzeigen will, Ereignisse, die Menschen glücklich machten oder erschütterten, sie prägten, Stationen eines Gnadenweges, aufgereiht wie Perlen an einem Rosenkranz, Stationen einer Wallfahrt, einer Wallfahrt durch 330 Jahre Leben in Altkinsberg und Maria Loreto.

Elfriede Bidmon, geb. Turri
früher Altkinsberg, „Am neia Haus"

Rednitzhembach, im April 1995

INHALTSVERZEICHNIS

QUELLENNACHWEIS:

Gedenk-Buch der Pfarrei Kinsberg, Original im Kreisarchiv Cheb/Eger SB 172

Gemeinde-Gedenkbuch von Altkinsberg, Original im Kreisarchiv Cheb/Eger

Lorenz Schreiner, Heimatkreis Eger, 2.Aufl., Amberg 1992

Gerd-Josef Weisensee/Maria C. Lakotta/Joseph Sauren, Das Wunder von Loreto, Theresia-Verlag, Schwyz 1993

Giuseppe Santarelli, Loreto, Kunst- und Denkmalführer, ITALCARDS Verlag, Bologna

Giuseppe Santarelli, Loreto, Führer durch Kunst und Geschichte, Verlag Aniballi Grafiche s.r.l. Ancona, 1996

Johann Wolfgang Goethe, Geologie und Mineralogie, Fahrt nach Pograd

Heinrich Pleticha, Deutsche Geschichte, Prisma Verlag, Gütersloh

Petr Beran, Piseň o Loretě, Chebské Museum 1994

Illuminata Hart, Altkinsberg-Loreto, 2.Aufl. 1993

Wilhelm Schwenz, Jubiläums-Wallfahrts-Büchlein Unsere Liebe Frau Maria Loreto im Egerlande, 1915

Johann Nepomuk Lanhaus, Die Wallfahrt nach Loretto bei Eger in Böhmen, 1863

Förderverein von Maria Loreto, Weihnachts- und Osterrundbriefe

Tschechische Bischofskonferenz, Katholische Kirche in der Tschechischen Republik, 1997

Josef Stingl, Josef Zeitler, Niklas Flauger, Anton Hart, Gedenkschrift zur Einweihung einer Gedenktafel für die Gefallenen und Vermißten der Pfarrgemeinde Altkinsberg-Maria Loreto im Turm der Bruder-Klaus-Kapelle, Hatzenreuth, 1969